Der Weg zum GLÜCK
für junge Menschen

von
Léandre Lachance

D1666081

Der Weg zum GLÜCK für junge Menschen

von Léandre LACHANCE

Deutsche Übersetzung von Marianne Müller

Bilder: Samuel Véronneau – samuelveronneau@hotmail.com

© **La Fondation des Choisis de Jésus**
CP 22019, Sherbrooke, QC, Canada J1E 4B4
Tel.: +1 819.565.9621 Fax: +1 819.565.0608
equipe@fcdj.org
www.fcdj.org

© März 2012

Parvis–Verlag
Route de l'Eglise 71
CH–1648 Hauteville/Suisse

www.parvis.ch – buchhandlung@parvis.ch

Tel.: 0041 (0)26 915 93 93
Fax: 0041 (0)26 915 93 99

Gedruck in E.U.

ISBN 978–2–88022–854–5

Mein Dank

Meiner Ehefrau Elisabeth und meinen Enkeln möchte ich für ihre wertvolle Mitarbeit beim kritischen Durchsehen dieses Buches danken; ganz besonders aber der 24-jährigen, verheirateten Évelyne, die während ihres Mutterschaftsurlaubes vor der Geburt ihres ersten Kindes ihr erstes Kind, für die Durchsicht dieses Buches drei Tage mit unserem Team verbrachte.

Auch den anderen Mitgliedern dieses Teams: Pfarrer Guy Giroux, Marcel Laflamme und Christian Laflamme möchte ich für ihre Hilfe bei der Durchsicht und Korrektur danken.

Schließlich spreche ich dem sehr begabten Zeichner Samuel Véronneau meinen Dank aus sowie Julie Laflamme für das Erstellen der Druckvorlage dieses Buches.

Léandre Lachance

INHALTSVERZEICHNIS

3. KAPITEL – ARBEIT, KARRIERE, BERUF

4. KAPITEL – DER SCHUTZ DES PLANETEN ERDE

5. KAPITEL - DER FRIEDEN IN DER WELT

ANHÄNGE

1. ANHANG

2. ANHANG

VORWORT

Viele junge Leute wünschen sich ein erfolgreiches Leben: einen schönen Beruf, Reichtum, eine glückliche Familie, ein Leben im Wohlstand. Der Autor dieser Zeilen will sie über ein erfolgreiches Leben hinausführen: zu einem geglückten Leben. Dazu muss der richtige Weg eingeschlagen werden, um das rechte Ziel zu erreichen und so an einer besseren Welt mitzubauen.

Léandre möchte seine reiche Erfahrung und die Frucht seiner Überlegungen teilen. In der Jugend legen wir den Grund, auf den wir unser Leben bauen.

Seine Ansichten will Léandre nicht aufzwingen. Er schlägt sie vor. Ich lade also die jungen Leute sowie ihre Eltern ein, dieses Heft zu lesen. Sie werden darin einen Weg entdecken, der zum Glück und zur Lebensfreude führt.

Jene, die die Bände «Meinen Auserwählten zur Freude – JESUS» gelesen haben, kennen Léandre Lachance recht gut. Geschäftsmann, Familienvater und Großvater, träumt von einer besseren Welt und versäumt nicht, sich dafür einzusetzen.

Vor einigen Jahren veröffentlichte er ein Büchlein mit Kindergeschichten: «Grand–papa Léandre raconte»[1]. Dann bedachte er die Ehepaare und die Familie: «Der Weg zum Glück in Ehe und Familie». Nun nimmt er sich ganz besonders der Jugendlichen und jungen Erwachsenen an, die ihr Leben angehen wollen. Bei allen diesen Veröffentlichungen können wir Léandres Weisheit feststellen.

Ja, alle wollen glücklich sein. Doch schlagen wir oft nicht den richtigen Weg ein. Der Weg, den Léandre vorschlägt, ist die Begegnung mit einem, der überglücklich macht. Möchten Sie wissen, wer es ist? Er hat das Rezept für das Glück und ein gelungenes Leben. Viel Freude beim Lesen!

Guy Giroux, Priester

---

[1] «Opa Léandre erzählt»

EINFÜHRUNG

«Wenn die Jugend wüsste und das Alter könnte»

«Wenn die Jugend wüsste und das Alter könnte»

Junger Mensch, wo die Liebe ist, die du suchst. Dürfte ich als Sechsundsiebzigjähriger zu deinem Herzen sprechen, könnte ich dir einige meiner Geheimnisse anvertrauen, die dir zu einem größeren Glück verhelfen, wie ich hoffe.

Ohne dich vor den Kopf zu stoßen und deine Freiheit völlig achtend, möchte ich die schönsten und wichtigsten Entdeckungen meines Lebens an dich weitergeben: Wie können sie dich erreichen? Wie kannst du sie in deinem Inneren aufnehmen? Wie kannst du davon in jedem Augenblick und in allen Lebenssituationen profitieren? Wie kann die Liebe in dir wohnen und durch dich hindurch zu anderen gelangen? So kannst du entdecken, was Liebe ist, und wahres Glück erfahren.

MIT MEINEM OPA-HERZEN

Mein Opa–Herz, das voller Liebe zur Jugend ist, öffne ich dir, um an dich das weiter– zugeben, was ich für die wichtigsten Schätze erachte, die mir das Leben schenkte. Ich denke an meine sechzehn Enkel, die ich sehr liebe: Anne–Josée, Évelyne, Charles– Étienne, Louis–Olivier, Marie, Samuel, Raphaël, Virginie, Anne–Élisabeth, Jérôme, Aurélie, Émilien, Édouard, Léonard, Louis–Thomas, Xavier und an meinen Urenkel, dessen Eltern Évelyne und Vincent sind. Ich denke auch an die Menschen, die mich gebeten haben, dieses kleine Heft zu schreiben.

Da ich viel empfangen habe, möchte ich auch viel geben. Nimmst du es an, wirst du deinerseits geben können.

GLÜCKLICHES ODER UNGLÜCKLICHES LEBEN

Je älter ich werde, umso glücklicher werde ich! Ich begegne vielen wirklich glücklichen Menschen, stelle aber auch fest, dass etliche andere unglücklich sind. Es gibt also auf dieser Erde glückliche und unglückliche Menschen. Worin besteht der Unterschied? Ich glaube, auf diese große Frage interessante Antworten entdeckt zu haben. An diesen Entdeckungen möchte ich dich teilhaben lassen.

Als junger Mensch kannst du dir meine Erfahrungen zunutze machen. Jene kleinen Schätze, die Werte und Gedanken, die mein Leben lenken, teile ich mit dir. Sie können dir helfen, deinem Leben eine bestimmte Richtung zu geben. So wirst du die Fallen vermeiden, in die sehr viele Menschen gehen. Diese Fallen machen ihr Leben, das ihrer Umgebung und oft das ihrer Nachkommen unglücklich.

ANDEREN HELFEN

In meiner Rolle als Geschäftsführer liebte ich die Gelegenheiten, anderen zu helfen. Durchlebte jemand Schwieriges, war ich immer bereit, ihm zuzuhören, daran Anteil zu nehmen, ihm in diesem Lebensabschnitt beizustehen.

Häufig kommen Leute zu mir, die mir sagen, dass sie aus meinen Schriften und Vorträgen Nutzen gezogen haben, dass sie sich davon nähren, ihr Leben sich verwandelt hat, sie ein neues Glück entdecken, das sich oftmals auf die Menschen und Ereignisse um sie herum auswirkt.

Auch du kannst dieses Glück erleben:
- wenn du dein Herz öffnest,
- wenn du deine Ängste, deine Vorurteile und deine inneren Widerstände überwindest,
- wenn du zugunsten eines größeren und dauerhaften Glücks auf gewisse, rasch vorübergehende Vergnügen verzichtest,
- wenn du dich von anderen abgrenzen kannst, um nach den tiefen Werten zu leben, und dich nicht vom Zeitgeist beeinflussen lässt.

Dieses kleine Buch hat nur ein einziges Ziel: dich meine Geheimnisse entdecken zu lassen, die mein Leben lenkten.

1. KAPITEL

GRUNDKENNTNISSE

Da ist ein unbesorgter Jugendlicher, der sein Leben lebt und das von seinen Eltern erhaltene Rüstzeug vernachlässigt...

1. KAPITEL

GRUNDKENNTNISSE

1.1 DIE URSACHEN UNSERER FEHLER

Die Fehler in meinem Leben und die vieler anderer sind auf mangelnde oder falsche Information zurückzuführen.

Unser irdisches Leben ist sehr kurz und einmalig; darum ist es wichtig, es nicht zu verpatzen, nicht am Wesentlichen vorbeizugehen.

Mit der Zeit kann man entdecken, was gut, was weniger gut, und was schlecht ist. Einige Fehler haben unmittelbare Folgen, andere kurz–, mittel– oder langfristige Folgen und manchmal lebenslange Folgen.

Könnten wir schon von unserer Jugend an von den erfreulichen und unerfreulichen Erfahrungen unserer Vorfahren profitieren, würde uns das viele Fehler ersparen.

1.2 WIE KÖNNEN WIR VON VERGANGENEN ERFAHRUNGEN PROFITIEREN?

Primitive Völker, die oft keine Schulen haben, verstehen es, erfreuliche und unerfreuli–che Erfahrungen von Generation zu Generation weiterzugeben. Die Älteren erzählen den Jüngeren ihre Erfahrungen und jene, die ihre Vorfahren an sie weitergegeben haben. So beginnen sie ihr Leben mit einem Rüstzeug, dem Wissen um die Folgen ihres Tuns.

Bedauerlicherweise wollte man in Quebec zu Beginn der sechziger Jahre, der Zeit «der stillen Revolution», eine neue Gesellschaft errichten, indem man die Vergangenheit schlecht machte, ja sich weigerte, den Älteren zuzuhören. Gewiss wurden in der Ver–gangenheit Fehler gemacht, aber nicht alles war schlecht, wie manch gut inszenierte Werbung weismachen wollte.

Unser heutiges Volk hat sich also von seiner Vergangenheit losgesagt. Da es über die Folgen seines Tuns nicht unterrichtet ist, entdeckt es oft zu spät, dass es in ein Leben von Leiden und Enttäuschungen geraten ist. Man möchte meinen, es hat «sein Ge–dächtnis» verloren.

Als Lösung schlägt die Gesellschaft oft kurzsichtige Mittel vor, die es in dieser Welt des Leidens weiterlaufen lassen und es noch tiefer ins Unglück stürzen.

Auch ich habe Fehler gemacht. Indem ich sie erkenne und die der anderen beobachte, kann ich mein Handeln ändern und dann anderen helfen.

Ich schreibe dir heute, weil ich dir helfen möchte, dein Leben als junger Mensch recht zu organisieren. Es ist leichter, sich zu Beginn richtig auszurichten, als sich später zu ändern. Wenn ich alles mir Mögliche getan habe, um dir mitzuteilen, was mein Leben erhellt, dann bin ich zufrieden.

1.3 DAS VERLANGEN ZU LIEBEN UND GELIEBT ZU WERDEN

Unabhängig von unserem Alter und unserem Lebensmilieu haben wir alle etwas gemeinsam: das Verlangen zu lieben und geliebt zu werden. Bei dieser Suche nach Liebe werden einige zutiefst verletzt; sie werden sehr unglücklich und schaffen viel Unglück um sich. Es gibt aber auch Menschen, die wirklich von Liebe erfüllt sind; sie tragen dazu bei, Glück in ihre Umgebung zu bringen und viel Liebe um sich zu verbreiten. Wenige Menschen machen diese Entdeckung, denn sie steht im Widerspruch zum Zeitgeist entgegengesetzt. Du musst eine Entscheidung treffen: entweder dem Zeitgeist folgen, was Leiden mit sich bringt, oder dein Leben nach den Werten organisieren, die dich zum wahren Glück führen. Bei deiner Entscheidung bist du und wirst du vollkommen frei sein. Wichtig ist, dass du sie in Kenntnis der Sachlage treffen kannst.

1.4 VORURTEILE

Vielleicht sagst du: «In seinem Alter wird er die jungen Leute sicherlich wegen ihres Verhaltens tadeln.» Darauf antworte ich dir: «Betrachte ich das Lebensmilieu, in dem sich die jungen Leute zwangsläufig befinden, frage ich mich hin und wieder: Wie hätte ich mich verhalten, wäre ich als junger Mann in dem heutigen Milieu groß geworden?» Offen gestanden, ich weiß es nicht; vielleicht wäre ich schlimmer gewesen als du. Doch hindert mich das nicht daran, die Fehler und Gefahren zu sehen, die der heutigen Gesellschaft, hauptsächlich aber den jungen Leuten drohen.

1.5 GUTER BODEN

Für mich sind die jungen Leute gleichsam guter Boden. Selbst guter Boden bringt Unkraut, Disteln oder Gestrüpp hervor, wenn er schlecht oder überhaupt nicht eingesät wird. Solltest du den Eindruck haben, dein Verhalten sei mehr oder weniger gut, ja sogar schlecht, dann nicht deshalb, weil du schlecht bist, sondern weil es um dich herum negative Einflüsse gab, die dein Handeln bedingt haben; du bist ein schlecht eingesäter Boden. Du musst dich also von diesem schlechten Einfluss befreien, wie der Boden von seinem Unkraut befreit werden muss, damit er bearbeitet und mit guten Körnern eingesät werden kann.

1.6   WORAN KANN MAN GUTEN BZW. SCHLECHTEN SAMEN ERKENNEN?

Guter Samen bringt in dir Frieden, Freude, Vertrauen, Heiterkeit, Glück, Hochherzigkeit, Offenheit, Hilfsbereitschaft, Einheit, Reinheit, Barmherzigkeit, Vergebung, Güte, Sanft–mut, Selbstbeherrschung, Besonnenheit, Mut, Liebe und weitere ähnliche Früchte her–vor.

Schlechter Samen bringt in dir Rivalität, Spaltung, Hass, Rache, Eifersucht, Neid, Zorn, Angst, Misstrauen, Unsittlichkeit, Unruhe, Niedergeschlagenheit, negative Gedanken und weitere schlechte Früchte hervor.

1.7   BIST DU GLÜCKLICH ODER UNGLÜCKLICH?

Ich frage dich nicht, ob du Spaß hast, sondern ob du glücklich bist. Für mich besteht ein sehr großer Unterschied zwischen beidem. Ein Vergnügen kann Glück oder Unglück zur Folge haben. Ein gesundes Vergnügen bewirkt Glück; wird es aber nicht kontrolliert, kann es Unglück herbeiführen. Beispielsweise führt die Lust zu essen und zu trinken zum Glück, nämlich zu Gesundheit, übermäßiges Essen und Trinken aber zum Unglück, nämlich zu Krankheit.

Bist du glücklich, so sicherlich, weil guter Samen in dir ist und du ein gutes Benehmen hast, das von den edlen Werten deines Umfelds, aber auch von dem beeinflusst wurde, was die Generationen vor dir gelebt haben.

Bist du unglücklich, so musst du die Einflüsse deines Umfelds, deiner Freunde, des Fernsehens, der Zeitungen, des Internets und anderer Dinge analysieren.

Sehr wichtig ist folgende Entdeckung: Eine Ansicht ist nicht deshalb gut, weil die große Mehrheit der Bevölkerung sie teilt; sie kann sogar sehr schlecht sein. Daher ist es von Bedeutung sie zu prüfen und zu entscheiden, was du akzeptierst und was du ablehnst.

In unserer Kindheit sind wir alle von erfreulichen und/oder unerfreulichen Ereignissen geprägt worden. Ich möchte sagen, sie waren die Folge von Entscheidungen, die unsere Eltern und auch unsere Großeltern lange vor unserer Geburt getroffen haben. Deinen Kindern wird es ebenso gehen. Meine Generation und die Generation zwischen uns sind zum großen Teil für deine Situation und vor allem für deine Kindheit verantwortlich.

Solltest du gelitten haben oder zur Zeit leiden, so ist dafür sicherlich zum Teil meine Generation mitverantwortlich. Einer meiner Beweggründe für diese Schriften ist es, dies wieder gutzumachen.

1.8 DIE GROSSEN SCHWIERIGKEITEN, DIE DU ÜBERWINDEN MUSST

Es kann sein, dass einige Stellen für dich nicht leicht anzunehmen und umzusetzen sind. Gäbe es nur einen jungen Menschen, der vollen Nutzen aus dieser Botschaft zöge, dann hätte sich für mich das Schreiben gelohnt. Mindestens vier Verhaltensweisen sind vonnöten, um Nutzen aus meinen Erfahrungen zu ziehen:

1. Eine sehr große geistige Aufgeschlossenheit, um zu akzeptieren, dass es eine andere Meinung geben kann als deine derzeitige.

2. Eine sehr große Charakterstärke, um selbst zu entscheiden und dich nicht vom Zeitgeist leiten zu lassen.

3. Einen Opfergeist, um das Risiko auf dich zu nehmen, von deinen Freunden, deiner Familie oder deiner Umgebung verurteilt zu werden.

4. Einen starken Willen, um durchzuhalten und auf gewisse flüchtige Vergnügungen zu verzichten, um dein Glück mittel– und langfristig aufzubauen.

Hier bitte ich für dich um eine ganz besondere Gnade: dass du vertrauensvoll aufbrichst. Diese Gnade erbitte ich sofort für dich bei JESUS, unserem Retter, durch die Fürsprache unserer guten Mutter im Himmel, Mama Maria. Diese Bitte ist wirklich für dich, der du diese Zeilen liest, auch wenn ich dich nicht kenne.

1.9 MEINE ERFAHRUNG ZU DEN OBIGEN PUNKTEN

Jedes Mal, wenn ich diese vier Punkte umgesetzt hatte, war ich siegreich. Das brachte mir:

- eine größere Zufriedenheit, mehr Frieden, mehr Freude, mehr Glück
- ein größeres Selbstvertrauen
- eine größere Achtung seitens der anderen
- eine größere Anzahl echter Freunde
- mehr Bezeugungen von Wertschätzung

Hier flieht ein junger Mann die Zukunft (Ehe, Baby und seinen Doktorhut) und verbirgt sich im Maul eines Krokodils...

1.10 ÄNGSTE

Viele junge Menschen scheinen mir Angst vor der Zukunft, ja sogar vor dem Guten zu haben; vor dem, was gefährlich ist und viel Leid verursacht, scheinen sie sich jedoch weniger zu fürchten. Das ist das Ergebnis einer trügerischen, irreführenden und sehr gut organisierten Werbung.

Dieses kleine Heft soll dir helfen, deine Ängste zu überwinden, damit du klar erkennen kannst, was für dich wirklich gefährlich ist.

Aus Erfahrung kann ich dir sagen: Wer von guten Werten beseelt ist, hat keine Angst vor der Zukunft.

1.11 DEINE SORGEN

Wenn du dein Leben als Erwachsener beginnst und betrachtest, was um dich herum geschieht, scheinst du mir über folgende Punkte besorgt zu sein:

- über die echte und dauerhafte Liebe
- über die Arbeit, die Karriere und den Beruf angesichts der unsicheren wirtschaftlichen Situation
- über den Schutz des Planeten Erde und der Umwelt
- über den Frieden in der Welt

2. KAPITEL

ECHTE UND DAUERHAFTE LIEBE

2. KAPITEL

ECHTE UND DAUERHAFTE LIEBE

2.1 MEINE ENTSCHEIDUNG

Vielleicht ist es für dich schwierig, an eine echte, dauerhafte Liebe zu glauben aufgrund dessen, was du in deinem Umfeld gesehen hast. Wenn dich dies daran hindert, an eine echte, dauerhafte Liebe zu glauben, so ist es das Ergebnis einer auf Abwege geratenen Gesellschaft.

Beim Betrachten unserer Gesellschaft habe ich Folgendes erkannt: Sie befindet sich gleichsam in einem Fahrzeug, das seit vielen Jahren vom richtigen Weg abgekommen ist. Wenn wir vom Weg abgekommen sind, stoßen wir auf viele Hindernisse und laufen große Gefahr, unser Fahrzeug zu beschädigen. Die Gesellschaft weigert sich, den richtigen Weg einzuschlagen; sie schlägt neue Mittel vor, um dem Fahrzeug das Vorankommen zu ermöglichen, was immer komplizierter und schwieriger wird.

Auf die Gefahr hin, von einem bedeutenden Teil unserer Gesellschaft abgelehnt zu werden, habe ich beschlossen, zu versuchen den richtigen Weg wieder einzuschlagen, indem ich mein Leben auf ein bestimmtes Ziel ausrichte; oft standen meine Entscheidungen im Widerspruch zum Zeitgeist. Ich wählte den Weg des Glücks und bin ungemein glücklich.

2.2 WO IST DIE WAHRE QUELLE DER LIEBE?

Seit über fünfzig Jahren erlebe ich eine große Liebe. Ich verstehe sehr gut, dass du das nicht glauben kannst. Der heutigen, verirrten Gesellschaft ist es nämlich gelungen, uns zu überzeugen, dass Treue nahezu unmöglich ist. Tagtäglich wird von Trennungen, Scheidungen, Liebeskummer berichtet; das wird uns als Normalität präsentiert. Doch es gibt viele Ehepaare, die sich diesen Nachrichten verschließen und sich an die wahre Quelle der Liebe anschließen.

Wo ist die wahre Quelle der Liebe? Bestimmt stellst du dir diese Frage. Diese Quelle nährt unser Eheleben und alle unsere Lebensbereiche. Ich wünsche so sehr, dass du sie beim Lesen dieses Buches entdecken kannst, um dich immerfort an dieser Quelle zu nähren und zu erkennen, dass

- wir aus Liebe erschaffen wurden,
- wir diese Liebe mit unserem Schöpfer erfahren sollen,
- wir diese wahre Liebe mit anderen teilen sollen.

2.3   FALSCHE GÖTTER

Unglücklicherweise leben wir in einer Gesellschaft, die sich ohne Gott aufbauen will. Wir glauben, dass wir mit unserem Wissen, unserer Naturwissenschaft und unserer Technik uns selbst genügen können, dass wir nun intelligent genug sind und Gott nicht mehr brauchen. Wir haben uns viele falsche Götter geschaffen. Bei diesen Göttern gibt es vorherrschende Werte. Wenn wir absolute Werte daraus machen, kommen wir vom Weg ab. Zum Beispiel:

- der Gott des Wissens,
- der Gott des Habens,
- der Gott der Macht,
- der Gott des Genusses und des Vergnügens,
- der Gott der Droge,
- der Gott der Freizeit,
- der Gott der Bequemlichkeit,
- der Gott des Scheins,
- der Gott des Sports,
- der Gott aller möglichen Stars
- der Gott des Konsums,
- und etliche andere.

Diese Götter, die gar keine sind, bringen viele Enttäuschungen und große Bitterkeit mit sich. Hier ein Beispiel: Als ich 1958 nach Sherbrooke kam, gab es einen Geschäfts-mann, der mich durch seine finanziellen Erfolge sehr beeindruckte. Ich erfuhr, dass er Weihnachten und Neujahr allein verbringen wird. Seine Ehefrau und seine Kinder woll-ten ihn nicht mehr sehen. Auf Kosten seiner Familie waren seine finanziellen Erfolge zu seinem Gott geworden. Ich sah Menschen, die durch einen unausgewogenen Kampf um Wissen, Haben und Macht ihre Familie verloren. Sie wollten im Leben erfolgreich sein, doch ihr Leben ist gescheitert.

Diese falschen Götter und das Fehlen tiefer Werte bewirken, dass die Welt abdriftet. Das Zerbrechen der Familien versetzt uns immer mehr in eine Welt des Leidens.

2.4   EINE NEUE GESELLSCHAFT

Seit langem habe ich erkannt, dass unsere irregeleitete Welt keine Zukunft hat. Der Versuch, sie zu verbessern, kommt ein wenig dem Wunsch gleich, ein Haus reparieren zu wollen, dessen Mauern voller Risse sind, dessen Dach undicht ist, dessen Fenster morsch sind und dessen Fundament in sich zusammenstürzt.

Vergiss die Reparaturen und baue dir ein neues Haus auf soliden Fundamenten. Ich persönlich habe beschlossen, an der Errichtung einer neuen Welt, einer neuen Zivilisation mitzuarbeiten, die die unsere ersetzen wird. Mit großer Freude stelle ich fest, dass wir, du und ich, uns daran beteiligen können und zur Zeit diese neue Zivilisation der Liebe tatsächlich im Gange ist.

Ich möchte, dass du entdecken kannst, wovon ich Zeuge bin: Zur Zeit entsteht überall auf der Welt diese neue Gesellschaft. Das geht geräuschlos vor sich. Ein Sprichwort fällt mir dazu ein: «Ein umfallender Baum macht mehr Lärm als das Wachsen eines Waldes.» Ja, diese neue Gesellschaft gleicht dem Wachsen eines Waldes. Das geht leise vor sich. Der umgefallene, alte Baum zersetzt sich; er macht den wachsenden kleinen Bäumen Platz, die dem Wald eine neue Schönheit und großen Reichtum verleihen.

2.5 WIR STEHEN AM BEGINN DER SCHÖNSTEN GESCHICHTE DER WELT

Es handelt sich um eine sehr gute Nachricht, besonders für dich, da du jung bist: Denn normalerweise wirst du davon länger profitieren können als ich.

Die Überschrift dieses Kapitels entstammt dem ersten Band: «Meinen Auserwählten zur Freude – JESUS.» Der Journalist, der zum ersten Mal diesen im April 1999 erschienenen Band kommentierte, betitelte seinen Artikel mit dem Satz: «Wir stehen am Beginn der schönsten Geschichte der Welt.» Seitdem wiederhole ich diesen Satz bei allen meinen Vorträgen. Anfangs sagte ich ihn im Glauben, denn so stand es geschrieben und ich glaubte es. Jetzt bedarf ich nicht mehr meines Glaubens, um ihn zu wiederholen; ich brauche nur zu betrachten, was ich sehe, und zu hören, was ich vernehme, um zu begreifen, dass diese schöne Geschichte tatsächlich im Gange ist. Täglich sagen mir Menschen, dass sie in sich eine neue Liebe entdecken, die sie mit neuem Glück erfüllt.

Einmal erklärte ich vor dreihundert Personen in Wien in Österreich, was diese schöne Geschichte bedeutet. Ich sprach zum fünften Mal an diesem Ort. Als ich feststellte, dass ich durch die Reaktion der Anwesenden viel Zustimmung erfuhr, sagte ich: «Wer das von mir Gesagte bestätigen kann, möge die Hand heben.» Fünfundsiebzig Personen hoben die Hand.

Auch Ehepaare werden völlig verwandelt. Erwachsene schließen sich zusammen und treffen sich regelmäßig, um die Verwandlung in ihrem Herzen zu erleben.

Junge Leute haben sich in Gemeinschaften zusammengeschlossen und erleben bereits diese neue, ganz von Liebe erfüllte Welt. Seit 20 Jahren stehe ich einer dieser neuen Gemeinschaften sehr nahe: «Famille Marie Jeunesse[2]» Wenn junge Leute entdecken, wie dort gelebt wird, eilen sie herbei. Die Häuser werden schnell zu klein.

In Lettland, einem ehemaligen kommunistischen Land, habe ich die explosionsartige Verwandlung der Herzen gesehen. Ich hörte sehr viele schöne Zeugnisse. Hier werde ich mich auf das Zeugnis einer Dame beschränken, die von ganz kommunistischen Eltern abstammt. Ihr Vater, Journalist für die Partei, und ihre Mutter, Schulleiterin, auch in der Partei, duldeten nicht, dass man im Haus den Namen Gottes aussprach.

Diese Dame vertraute mir Folgendes an:
«Da wir 50 Jahre unter dem kommunistischen Regime gelebt haben, wissen wir, dass eine Welt ohne Gott nicht funktioniert.»

Ich erwiderte:
«Sie sind uns weit voraus, denn bei uns meinen noch viele, man könne eine Welt ohne Gott aufbauen.»

Eine große Bewegung hin zu einer neuen Zivilisation ist tatsächlich im Gange, auch wenn sie geräuschlos ist und die Medien nicht davon sprechen. Viele von uns können dies bezeugen. Das ist keine Einbildung, keine Illusion, sondern Realität.

---

[2] Neue Gemeinschaft, die junge Leute aufnimmt (www.marie–jeunesse.ca)

2.6 DIE ZIVILISATION DER LIEBE

Zur Zeit entsteht eine neue Zivilisation, die Zivilisation der Liebe. Es handelt sich nicht um eine auf Egoismus und Sinnengenuss beruhende Liebe, die oft die andere Liebe erstickt, die eine Enttäuschung nach der anderen zur Folge hat und traurig und un- glücklich macht.

Es geht um echte Liebe, bei der man nur an das Glück des anderen denkt. Diese Liebe befriedigt vollständig unser Liebesbedürfnis; ein neues Leben auf Erden beginnt.

Wir haben hunderte solcher Zeugnisse:

- *Glücklich sind wir, in diese neue und so schöne Welt einzutreten.*
  N. N., Laval
- *Danke Herr, die Zivilisation der Liebe ist im Gange!*
  M. E. B., Toulouse, Frankreich
- *Ich beginne zu verstehen und zu erleben, was JESUS sagte:*
  «Ihr werdet jubeln.» **D. M., Shawinigan**
- *Indem wir unser Leben ändern, können wir die Welt verändern.*
  N. P., Belgien

Und aus der Botschaft Nr. 10, Band 3: Was du siehst und hörst ist so unbedeutend im Vergleich zu dem, was zur Zeit auf der Erde geschieht.

Diese Zivilisation der Liebe wird uns zu der schönsten Geschichte der Welt führen. Sie wurde von Papst Paul VI. (1963 bis 1978) angekündigt und von Papst Johannes Paul II. (1978 bis 2005) immer wieder aufgenommen.
Erinnern wir uns an das, was er am 19. November 1997 über unsere jetzige Zeit gesagt hat:

> *«Die Liebe Gottes wird das neue Jahrhundert umhüllen. Es wird gleichsam eine Zeit der Gnade sein, die Durchführung eines Liebesplanes mit der ganzen Menschheit, mit einem jeden von uns… Habt keine Angst! Nicht eine alte Welt geht zu Ende, sondern eine neue beginnt. Ein neues Morgenrot erscheint am Him- mel der Geschichte.»* **Johannes Paul II., 19. November 1997**

Diese neue Zivilisation setzt sich in Gang; sie wird uns bei der großen Wiederkunft Jesu in Herrlichkeit zur Fülle der Liebe führen. Das versprach Er uns, bevor Er in den Himmel auffuhr. Wer glaubt und wessen Herz bereit ist, Ihn aufzunehmen, kann bestätigen, was ich euch verkünde. Wer erst glaubt, wenn er Ihn sieht, wird nichts sehen.

Dieser Weg ist für jeden zugänglich. Nur wer sich weigert, schließt sich selbst aus.

2.7 GLAUBENSABFALL, REINIGUNG, JUBEL

JESUS wird wiederkehren, Er hat es uns versprochen. Wenn Er wiederkehrt, verschwindet das Böse und wir treten in eine Welt des Jubels ein. Aber zuvor gibt es gemäß der Heiligen Schrift eine Zeit des großen Glaubensabfalls, das heißt, eine Welt, die Gott ablehnt. Diese Welt kennen wir. Danach wird eine Zeit der Reinigung bzw. der Drangsal kommen, bevor wir mit der Wiederkunft Jesu in den großen Jubel eintreten werden.

Vor mehr als 30 Jahren wurde ich auf diese Lehre vorbereitet. Für mich war es leicht zu erkennen, dass wir in der Zeit des großen Glaubensabfalls waren. Wir gerieten immer mehr hinein. Neugierig suchte ich im Kalender herauszufinden, wann die Reinigung und die Drangsal beginnen würden. Ich wollte wissen, wann die Erde gereinigt sei, damit wir endlich im Jubel leben könnten.

Heute stelle ich fest, dass Glaubensabfall, Reinigung und Jubel zur gleichen Zeit stattfinden. Während sich die große Mehrheit der Menschen im Glaubensabfall befindet, sind andere in der Reinigung und/oder in der Drangsal. Eine ganz kleine Gruppe, die zusehends größer wird, lebt bereits im Jubel. Das sind die Menschen, die Gott ihr vollständiges, bedingungsloses und unwiderrufliches «Ja» gegeben haben. Sie verzichten auf ihren Willen, um den Willen Gottes zu tun.[3]

Der Jubel ist allen zugänglich

«Du erlebst Augenblicke der Drangsal und des Jubels. Beides sollst du annehmen.» **Band 1, Botschaft Nr. 101**

«Lebt von nun an im Jubel, das ist die wahre Quelle, die euch zu nähren vermag, die euch die Kraft schenkt, die Drangsal, die bereits begonnen hat, gelassen hinzunehmen. Meine Liebe ist mächtiger als alles, was ihr an Schrecken erleben könnt. Beeilt euch, ganz und gar in diese Liebe einzutreten. Mein Herz steht ganz offen, um euch alle aufzunehmen. Ich warte nur auf euer "Ja". **Band 1, Botschaft Nr. 20**

JESUS ist in jedem Herzen gegenwärtig

«Ich will, dass Mein Reich in jedem Herzen errichtet wird und jeder Mensch auf diese Weise Liebe wird. Das Reich Gottes wird auf dieser Erde errichtet. Der Wille des Vaters wird auf der Erde wie im Himmel geschehen. Selig seid ihr, weil ihr in dieser Endzeit lebt. Selig seid ihr, dass ihr schon zu Lebzeiten in die Fülle der Liebe des Vaters eintreten könnt, und dass euch die große Sendung, zu der Ich auf diese Erde gekommen bin und für die viele Männer und Frauen ihr Leben geopfert und hingegeben haben, voll zugute kommt. Seid schon jetzt im Jubel, im Lobpreis, in der Anbetung, im Staunen und voller Freude über das, was ihr gegenwärtig bereits erleben dürft.» **Band 1, Botschaft Nr. 46**

---

[3] Um dies näher zu erläutern, teile ich euch einige Botschaften aus dem ersten Band: «Meinen Auserwählten zur Freude – JESUS» mit.

Gott ist Liebe!

«Du kennst den Willen des Vaters; er besteht darin, dass Seine Erdenkinder ganz in Seiner Liebe leben. Indem du Liebe wirst, verwirklichst du Seinen Willen. Du wirst ein Feuer der Liebe, ein Feuer, das in den Herzen derer, die der Vater dir anvertraut, das Feuer entzündet.» **Band 1, Botschaft Nr. 48**

2.8 WIR STEHEN AN EINER GRENZE

Wir befinden uns also zwischen zwei großen Zivilisationen: der uns bekannte Zivilisation des zwanzigsten Jahrhunderts, die ohne Gott errichtet wurde und keine Zukunft mehr hat – sie gerät überall ins Wanken, diese Welt verfällt auf mehreren Ebenen – und der Zivilisation des 21. Jahrhunderts, die zur Zeit geräuschlos errichtet wird. Wir alle sind berufen, ihr anzugehören und Nutzen daraus zu ziehen. Von 1996 bis 2002 wurde ich inspiriert, darüber drei Bände zu scheiben, die uns deutlich machen, was diese neue Zivilisation ist und wie man hineinkommt.

2.9 EINE SEHR GUTE NACHRICHT FÜR DICH!

Jedes Mal, wenn ich mich auf die Begegnung einer Gruppe vorbereite, bitte ich JESUS, Seine Auserwählten zu senden. Ich bin sicher, dass JESUS mein Gebet hört und erhört.

DIE SEHR GUTE NACHRICHT FÜR DICH: Da du ja gerade diese Zeilen liest, bist du ein Auserwählter Jesu; auch ich glaube, einer zu sein. Wir sind also beide «Auserwählte Jesu» und gemeinsam setzen wir unsere Überlegung fort, was es bedeutet, Auserwähl-ter Jesu zu sein, und wie wir auf Seinen Ruf antworten können.

Das heißt nicht, dass nur wir Seine Auserwählten sind; wichtig ist, dass wir, du und ich, bereit sind, Seine Auserwählten zu sein, und die Gnaden annehmen, die Er in uns ergießen will, damit wir als Erste in diese neue Welt eintreten und für andere Vorbilder werden.

Beim Lesen dieser Zeilen stellst du dir vielleicht folgende Fragen, auf die zu antworten ich versuchen werde.

1. Warum erwählt JESUS heute Menschen?
2. Warum mich?
3. Werde ich meine Freiheit verlieren?
4. Was bedeutet es, «Ja» zu Gott zu sagen?
5. Was soll ich tun?

1. Warum erwählt JESUS heute Menschen?

Wir leben in einer privilegierten Zeit; das Böse ist zwar mächtig, aber die Gnaden über—groß. Diese Zeit ist die Vorbereitung auf Seine große Wiederkunft; die Zivilisation der Liebe ist tatsächlich im Gange.

Wir wissen, dass Er vor zweitausend Jahren Seine Apostel erwählt hat, um Seine Kirche zu gründen. Seitdem hat Er die ganze Geschichte hindurch viele Menschen aus allen Schichten erwählt, damit Seine Kirche bis zu uns gelangen konnte. Gott beruft weiterhin Menschen.

Er ruft dich!

«Selig, selig seid ihr, für eine so schöne und große Sendung auserwählt zu sein. Sie ist die Sendung der Sendungen. Deshalb bin Ich auf die Erde gekommen, an einem Kreuz gestorben, auferstanden und habe der ganzen Menschheit er—möglicht, von den Kräften des Bösen befreit zu werden und ganz und gar in den Liebesplan des Vaters einzutreten.» **Band 1, Botschaft Nr. 130**

«Selig bist du, selig seid ihr, auserwählt zu sein, um vor vielen anderen Menschen diese Liebe zu leben und zu bezeugen, was die Liebe in euch, durch euch und in eurer Umgebung bewirkt. So werdet ihr Liebe.» **Band 1, Botschaft Nr. 125**

«Ihr könnt nicht begreifen, wie außerordentlich bedeutsam es für euch, ja selbst für die ganze Erde ist, dass ihr euch lieben und beglücken lasst. Die Zeit drängt, und wenn Meine Auserwählten sich nur zögernd lieben und beglücken lassen, wird der Plan des Vaters verzögert und der Widersacher zieht seinen Vorteil da—raus.

Vergesst nicht, dass es zur Zeit nur eine ganz kleine Schar von Auserwählten gibt. Je schneller sie von der Liebe des Vaters entflammt sind — und zwar voll entflammt —, desto schneller werden sie diese Flamme im unsichtbaren und im sichtbaren Bereich ausbreiten.» **Band 1, Botschaft Nr. 61**

2. Warum ich?

Vielleicht sagst du dir: «Nicht ich, das kann nicht sein. Ich glaube nicht genug. Ich bin kein Beter. Ich praktiziere nicht. Ich habe zu viel gesündigt. Nein, ich kann kein Auser-wählter Jesu sein.»

JESUS erwählt dich nicht wegen deiner Verdienste, auch nicht wegen deiner Tugenden. Er erwählt dich einzig und allein aus Liebe, genauso wie er Seine Apostel erwählt hat. Um dir das verständlich zu machen, hier einige Wesenszüge der von JESUS erwählten Apostel:

- √ Petrus hatte einen sehr schlechten Charakter
- √ Matthäus stand in dem Ruf, ein Dieb zu sein
- √ Thomas hatte keinen Glauben
- √ Saulus, der zum heiligen Paulus geworden ist, verfolgte die Christen
- √ Jakobus und Johannes trachteten nach den besten Plätzen usw.

Was ist geschehen, damit Seine Apostel zu Säulen unserer Kirche werden konnten?

Sie haben auf die Einladung Jesu mit «Ja» geantwortet. Durch den Kontakt mit Ihm haben sie sich verwandeln lassen. Das geschieht noch heute. Menschen, die auf Seine Einladung mit «Ja» antworten, erfahren echte innere Veränderungen. JESUS ist heute genauso mächtig und aktiv, wie Er es vor zweitausend Jahren war.

In der Regel erhalte ich Zeugnisse, die dies bestätigen. Hier ist eines, das ich soeben gelesen habe:

«Einen Tagesgedanken fand ich so schön, dass ich dessen ganzen tiefen Sinn erkennen wollte; ich fand die Stelle im entsprechenden Band. Da entschloss ich mich, die drei Bücher hervorzuholen, um sie noch einmal zu lesen. Seitdem ich sie jeden Abend lese, habe ich sehr große Gnaden erhalten.

Ich begreife immer mehr, dass JESUS in vielen Seelen die Wunden verbinden wird. Noch heute erwählt JESUS Männer und Frauen mit sehr unterschiedlicher Per-sönlichkeit und Lebenserfahrung, um die Gute Nachricht zu verkünden.

Ich danke Gott dem Vater für Seinen schönen Auftrag, und dass er uns einlädt, mit Ihm zusammenzuarbeiten.

Ich vereine mich mit allen deinen Bitten und Gebeten, die uns mit einem voll-ständig erneuerten Volk auf diese neue Erde führen werden, in ein endloses Glück, das bereits begonnen hat.

Wir sind nicht allein. Wir können auch auf die Gemeinschaft aller Heiligen im Himmel und auf Erden, auf die heiligen Engel und auf Maria, die Mutter Jesu zählen.

Ich lese sie immer wieder mit einem verwandelten Herzen, das zum Wesentlichen zurückkehrt: Jesu große Wiederkunft vorzubereiten bedeutet einfach, ein Herz zu haben, das Ihn immer mehr liebt (in Demut und in unserer Armut vor Seiner Größe). Amen!» **D. M.**

3. Werde ich meine Freiheit verlieren?

Bevor du JESUS dein «Ja» gibst, stellst du dir sicherlich weitere Fragen: Wenn ich «Ja» antworte, werde ich dann nicht meine Freiheit verlieren? Die Antwort ist: Nein! Im Gegenteil, du wirst eine neue, nie gekannte Freiheit finden, die Freiheit der Kinder Gottes.

Die wahre Freiheit besteht nicht darin, das zu tun, was man will, wie man will und wann man will. Schauen wir uns an, was seit den sechziger Jahren, dem Beginn der stillen Revolution in unserem schönen Quebec geschehen ist. Viele Leute meinten, sie erlangen eine neue Freiheit, wenn sie sich über die Gebote Gottes keine Gedanken mehr machen und sich von der Kirche entfernen. Wie weit sind wir schon in diese vermeintliche Freiheit geraten?

Ein sehr großer Teil unseres Volkes wurde Sklave der Sinne, des Geldes, der materiellen Güter, des Spiels, des Sexes, der Drogen, des Alkohols usw. Die Feststellung, dass mehrere Personen nicht mehr leben und ihren Tagen ein Ende machen wollen, bestätigt diese große Knechtschaft. Ganz bestimmt macht dies unsere hohe Selbstmordrate verständlich.

Das ist nicht die wahre Freiheit! Betrachten wir, was Gott uns über Seine Schöpfung lehrt. Der Vogel, der zum Fliegen erschaffen wurde, findet seine Freiheit im Fliegen. Der Fisch, der zum Schwimmen erschaffen wurde, findet seine Freiheit im Schwimmen. Wir wurden für die Liebe erschaffen und finden daher unsere Freiheit in der Liebe; jedoch nicht in irgendeiner Liebe, sondern nur in einer echten Liebe, die sich an der Quelle der Liebe selbst nährt, die Gott ist. Wenn wir uns ständig an dieser Quelle nähren, werden wir verwandelt. Nach unserer Verwandlung können wir sie anderen schenken und bei anderen leben.

Immer achtet Gott unsere Freiheit. Er hat uns als freie Wesen erschaffen. Keiner auf dieser Erde kann dich zwingen, zu Gott «Ja» zu sagen; und genauso kann dich keiner daran hindern. Dieser Entschluss wird zwischen dir und deinem Gott, und zwischen Gott und dir gefasst.

Ich habe den Auftrag, dich einzuladen, Gott dein «Ja» zu geben; du aber kannst «Nein» sagen. Ich bin von der Liebe Gottes so sehr überzeugt, dass ich dir Folgendes sagen darf: «Wenn du Ihm «Nein» antwortest, wird Er dich trotzdem lieben. Er wird dich weiterhin mit Seiner Liebe verfolgen. Doch bringst du dich um die Gnaden, die er in diesem Moment in dich ergießen möchte. Du verzögerst Seinen Liebesplan.»

4. Was bedeutet es, zu Gott «Ja» zu sagen?

«Ja» zu Gott zu sagen, bedeutet zunächst, um die Gnade des Kleinseins zu bitten:

Bitte um die Gnade des Kleinseins. Du kannst dich nicht in Liebe verwandeln, wenn du nicht klein bist. Je kleiner du wirst, umso mehr wirst du Liebe. Je mehr du Liebe wirst, umso kleiner wirst du.

«Wenn du dich in Meine Gegenwart versetzt (ganz gleich wo du bist) und dich danach sehnst, in eine innigere Beziehung mit Mir zu treten, zeige Ich dir zwei Wege, auf denen du Mich sicher antreffen kannst: den Weg der Liebe und den des Kleinseins. Du brauchst dich nur zu konzentrieren und Meine Liebe oder dein Kleinsein anzunehmen. In beiden Fällen wirst du Mir immer begegnen. Ich werde immer auf diesen beiden Wegen sein; sie sind wie zwei Gleise, auf denen Ich regelmäßig reise. Diesen zweigleisigen Weg, den Ich dich lehre, und das Versprechen, das Ich dir zugleich gegeben habe, dass du Mich dort triffst, biete ich allen an, die diese Zeilen lesen. Die Gnaden, die dir beim Schreiben gegeben werden, werden auch jedem gegeben, der liest, was du schreibst, unter der einzigen Bedingung, dass er "Ja" sagt. Es gibt im Wesentlichen ein dreifaches «Ja», das man Mir geben soll:

1. "Ja" zum Kleinsein
2. "Ja" zur Liebe
3. "Ja" zu den Gnaden

Man muss noch in anderen Bereichen "Ja" sagen. Aber dieses dreifache, zusammenhängende "Ja" ist eine Eingangstür, durch die du in dein inneres Wesen einkehren und in einer großen Vertrautheit mit Mir leben kannst. Es spielt keine Rolle, wo du bist. Es spielt keine Rolle, womit du beschäftigt bist. Es spielt keine Rolle, wie weit du von Mir entfernt bist. Du und ihr alle, die ihr lest oder hört, was Ich gerade diktiere, ihr braucht nur zu sagen:

> *Ja, ich bin ganz klein.*
> *Ja, ich weiß, dass Du mich liebst.*
> *Ja, ich nehme Deine Gnaden an.*

Ihr werdet meine Gegenwart in euch spüren. Je öfter ihr dieses drei "Ja" wiederholt, desto intensiver werdet ihr sie spüren und desto mehr werdet ihr Liebe.»
Band 1, Botschaft Nr. 114

«Die Stunde ist gekommen, dass sich die Liebe, die die Auserwählten im Himmel überreich erfüllt, auf der Erde ausbreiten kann. Das Böse soll vergehen. So wie es nur ein einziges Mittel gibt, um die Finsternis zu vertreiben: nämlich Licht zu bringen, so gibt es auch nur ein einziges Mittel, um das Böse zu vertreiben: nämlich Liebe zu bringen.

Die Liebe ist nichts, was du irgendwo nehmen und geben kannst, wenn sie dich nicht verwandelt hat, das heißt, wenn du nicht Liebe geworden bist. Andernfalls kannst du sie nicht schenken. Du kannst schöne Dinge sagen, du kannst sogar jemandem sagen, dass du ihn liebst. Aber nicht das, was du sagst, sondern das, was du bist, bringt beim anderen wirklich eine Wirkung hervor.

Wenn du Liebe bist, bringst du beim anderen Liebe hervor. Daher ist es so wichtig, Liebe zu werden – und das kannst du nicht aus dir selbst.

Deine Macht ruht einzig und allein in der großen Freiheit, die der Vater dir geschenkt hat, "Ja" oder "Nein" zu sagen.

Um Liebe zu werden, musst du "Ja" sagen.

Zur Liebe "Ja" sagen heißt, "Ja" zum Vater sagen für dein Sosein, indem du dich so annimmst, wie Er dich erschaffen hat.

Zur Liebe "Ja" sagen heißt auch, "Ja" zum Vater sagen für das Sosein der anderen, indem du sie so annimmst, wie Gott sie erschaffen hat.

Zur Liebe "Ja" sagen heißt auch, "Ja" zum Vater sagen für die Situation, in der du dich zur Zeit befindest, unabhängig davon, ob sie erfreulich oder unerfreulich ist.

Zur Liebe "Ja" sagen heißt auch, "Ja" zum Vater sagen für die eintretenden Ereignisse, unabhängig davon, ob sie erfreulich oder unerfreulich sind.

Zur Liebe "Ja" sagen heißt auch, "Ja" zum Vater sagen für deine Ohnmacht.

Zur Liebe "Ja" sagen heißt auch, "Ja" zum Vater sagen, um dich verwandeln zu lassen.

Zur Liebe "Ja" sagen heißt auch, "Ja" zum Vater sagen, um dich von allem, was du an Ballast angesammelt hast, befreien zu lassen: von intellektuellem Ballast, von Ballast an Wissen, an Einflüssen, an Bildern, an Ansehen, an materiellen Gütern und sogar an guten Freundschaftsbeziehungen.

Schließlich heißt zur Liebe "Ja" sagen auch akzeptieren, dass nur eines wichtig ist: der Wille des Vaters, und anerkennen, dass alles Übrige nicht wichtig, überhaupt nicht wichtig ist.

Wenn das zuviel Einsatz erfordert, kannst du "Nein" sagen. Du bist völlig frei. Wichtig ist jedoch, dass du die Wahrheit genau kennst und sich dein Herz in voller Kenntnis der Sachlage hingibt.» **Band 1, Botschaft Nr. 86**

5. Was soll ich tun?

Angesichts der anstehenden, immensen Arbeit aufgrund des Verfalls unserer Welt kannst du dich fragen: «Ist denn die Aufgabe nicht zu schwer für mich?» Diesbezüglich möchte ich dich beruhigen: Denn nicht wir können die Welt verändern, sondern nur Gott allein hat solche Macht.

Es ist also Sein eigenes Werk und nicht das unsere. Er bittet uns, Ihm unser «Ja» zu geben, damit er die Freiheit hat, uns zu verändern, uns zu Menschen der wahren Liebe zu machen. Als Menschen der Liebe ermöglichen wir Seiner Liebe, durch uns zu fließen und andere zu erreichen.

«Gib Mir deinen Kleinglauben. Ich werde ihn durch den Glauben der Apostel und Propheten ersetzen. Glaube und Liebe sind untrennbar verbunden. Wenn ihr Menschen des Glaubens werdet, werdet ihr Menschen der Liebe. Wenn ihr Menschen der Liebe werdet, werdet ihr Menschen des Glaubens.» **Band 1, Botschaft Nr. 146**

«Wenn ihr völlig "durchtränkt" seid, werdet ihr wie ein Schwamm sein, der überall, wohin er gebracht wird, Wasser abgibt. Ihr werdet überall, wo ihr vorbeikommt, Liebe verbreiten. Nehmt euch immer Zeit, euch von diesem Liebesregen, der unablässig im Überfluss auf euch niedergeht, durchtränken zu lassen.

Selig seid ihr, für eine so schöne und so große Sendung auserwählt zu sein. Ein Schwamm ohne Wasser ist wertlos; dasselbe gilt für einen Menschen ohne Liebe.» **Band 1, Botschaft Nr. 171**

2.10 LEBEN OHNE GOTT

Die heutige Gesellschaft schlägt dir vor, ohne Gott zu leben. Ich persönlich schlage dir vor, mit Gott zu leben. Du und nur du allein wirst dich entscheiden müssen, niemand anders. Ich kann dir aus meiner Erfahrung und aus der Erfahrung jener sagen, deren Zeuge ich war, dass ein Leben mit Gott viel leichter und angenehmer ist als ein Leben ohne Gott.

Betrachte ich das von unserer Welt geführte gottlose Leben, so ist das, wie wenn man zu einem Kind sagte: «Iss, was du jetzt willst. Wenn du nur Nachspeisen magst, darfst du ruhig bloß Nachspeisen essen. Mach dir keine Gedanken über deine künftige Gesundheit, über Korpulenz, Diabetes usw. Eines ist wichtig: Tu, was du jetzt liebst. Schau nicht auf die mittel- und langfristigen Folgen. Denke nicht an deine Zukunft und an dein künftiges Glück und vor allem mach dir keine Gedanken über den Plan Gottes und dein ewiges Leben. Genieße jetzt.»

In einem Leben ohne Gott sollst du von allen möglichen und denkbaren Genüssen maximal profitieren. Manche dieser Genüsse haben mittel- oder langfristige negative Folgen. Oft verursachen sie Leid, das dein Leben behindern kann: Verlust des Selbstwertgefühls, Ablehnung anderer, negative Gefühle. Dieses Leid setzt sich sehr lange fest. Es wird sogar negative Folgen für die künftigen Generationen haben und zudem das ewige Glück gefährden.

«Mein Herz, wie auch das Herz Meines Vaters und Meiner heiligen Mutter leiden unter der Verirrung Unserer kleinen Erdenkinder, die wir lieben; es schmerzt Uns, sie so leiden zu sehen und zugleich zu sehen, dass sie mehr und mehr auf dem Weg des Verderbens und des Leidens versinken.

Sie sind so sehr in der Finsternis, dass sie Angst vor dem Licht haben, und wenn sie es flüchtig sehen, können ihre Augen es nicht ertragen und sie kehren in ihre Finsternis zurück.

Wenn sie wüssten, wie sehr sie geliebt werden, würden sie sich einer nach dem anderen eilig in Unsere Arme stürzen und würden davon im Nu verwandelt. Sie wüssten, dass ihnen vergeben ist, dass sie geliebt und geläutert sind, und dass die Liebe alles in Ordnung bringt.» **Band 1, Botschaft Nr. 87**

2.11 LEBEN MIT GOTT

In einem Leben mit Gott sollst du dein Leben Seinem Willen angleichen. Anfangs bedingt dies einen gewissen Verzicht, eine Beherrschung der Sinne, damit du ein ange-
nehmes, ausgeglichenes Leben führen und die wahre Liebe entdecken kannst.

Viel wichtiger ist, was im Inneren des Menschen geschieht. Dies ist oft schwierig mit
Worten zu beschreiben. In einem Menschen, der ein Leben mit Gott führt, wohnt die
Freude, der Friede und die Zufriedenheit nach erfüllter Pflicht. Größer als dieses irdische
Glück ist aber das ewige Glück. Es ist das letzte Ziel unseres Lebens auf Erden.

Einen Fuß auf dem Kai und den anderen im Boot.

2.12 STEIG IN MEIN BOOT

Eine große Gefahr lauert auf uns alle: «Ja» zu JESUS sagen wollen und nicht den Mut haben, «Nein» zu dem zu sagen, was Seinem Willen entgegengesetzt ist.

Ich möchte dir meine Gedanken durch ein Bild erläutern:

Stellen wir uns vor, du stehst an einem schönen, sonnigen Tag am Meeresufer und hast soeben Gott deine Not und dein Leid geklagt. Du bittest Ihn, dir zu Hilfe zu kommen. Plötzlich kommt in der Ferne ein ganz kleines Boot in Sicht. Es steuert direkt auf dich zu und legt am Kai an.

Zu deiner großen Überraschung ist JESUS im Boot. Er sagt zu dir: «Ich habe dein Flehen gehört, dein Leid gesehen und schlage dir vor, in einer neuen Welt zu leben. In einer Welt, in der es keinen Streit, keinen Hass, keine Eifersucht, keine Rivalität, keine üble Nachrede noch Verleumdung, keine Gewalt und keinen Krieg gibt. Es gibt nur Liebe und gegenseitige Hilfe.

Du antwortest Ihm: «Gibt es diese Welt? Mein ganzes Leben lang wollte ich in einer Welt leben, in der es nur Liebe gibt. Was kann ich tun, um in dieser Welt zu leben?»

Er erwidert dir: «Wenn du in dieser Welt leben willst, dann steig in mein Boot.» In deiner Begeisterung setzt du sofort einen Fuß in das Boot, behältst aber den anderen auf dem Kai. Dabei bemerkst du, dass sich das Boot bewegt. Es ist weniger sicher als der Kai. Du betrachtest es: Verglichen mit der unermesslichen Weite des Meeres ist es ganz klein.

Eine erste Angst überkommt dich. Du fängst an, dir Fragen zu stellen: «Wo wird Er mich denn hinbringen, wenn ich in Sein Boot steige?» Du denkst an deine Bindungen: «So kann ich doch nicht wegfahren, was werden die anderen sagen? Meine Familie, meine Freunde, mein Studium, meine Arbeit, mein Vermögen, mein Auto, mein Motorrad, mein Haus usw.»

Du befindest dich in einer sehr schwierigen Lage. Einerseits willst du ein so schönes Angebot von JESUS nicht ausschlagen, andererseits die dir bekannte Welt nicht ver-lassen. Um nichts zu verlieren, behältst du einen Fuß im Boot und den anderen auf dem Kai. Während deiner Unentschlossenheit kommt etwas Wind auf und das Boot entfernt sich vom Kai. Was geschieht mit dir? Du bist im Wasser zwischen Kai und Boot. Das ist der Leidenszustand jener, die sich nicht für Gott entscheiden.

Mama Maria sagte oft bei ihren Erscheinungen in Medjugorje: «Die Zeit drängt, entscheidet euch für Gott!» Diesbezüglich war JESUS in Seinen Lehren sehr entschieden: Euer Ja sei ein Ja, euer Nein ein Nein.» **Mt 5,37**

Anmerkung des Autors: *Mit diesem Bild möchte ich dir nahe bringen, wie wichtig es ist, sich für Gott zu entscheiden. Wir wissen, dass wir im Glauben stufenweise fortschreiten. Selbst wenn du ins Wasser fällst oder zögerst, ins Boot zu steigen, ist das Boot immer da, wenn du dich entscheidest, beide Füße hineinzusetzen.*

2.13 DAS EINE ODER DAS ANDERE

Du kannst dich nicht in deinem Herzen für Gott entscheiden und gleichzeitig beschließen, ein Leben unter dem Einfluss der schlechten Engel zu führen. Sobald du eine Verhaltensweise unter dem Einfluss Satans akzeptierst, nimmt er in kurzer Zeit den ganzen Raum ein; dann gibt es für Gott keinen Platz mehr. Entscheidest du dich für Gott, so willst du dich in Übereinstimmung mit Seinem Willen verhalten. Wenn du in eine Schwäche verfällst, bitte Gott um Verzeihung, indem du dich der Sakramente und des Gebetes bedienst, die Er dir zur Verfügung gestellt hat. Allmählich wirst du den Versuchungen gegenüber stärker und du gelangst zu einem Leben, das Seinem Willen mehr entspricht.

Im Leben gibt es also gute Taten, die gute Früchte hervorbringen, und schlechte Taten, die schlechte Früchte hervorbringen. Wenn ich meine Enkelkinder heranwachsen sehe, macht mir die Tatsache große Sorgen, dass sie sich in einer Welt verwirklichen müssen, die verkennt, was gut und was schlecht ist. Es ist schlimmer, eine schlechte Tat in der Überzeugung zu begehen, dass sie gut ist, als die schlechte Tat an sich. Denn wenn wir erkennen, dass eine Tat schlecht ist, bereuen wir sie und suchen, Vorkehrungen zu treffen, um sie nicht mehr zu wiederholen. Reden wir uns aber ein, dass sie gut oder unbedeutend ist, wiederholen wir sie, bis sie uns zum vollständigen Scheitern bringt.

Ein Beispiel:
Zu Beginn meiner Karriere als Geschäftsleiter im Versicherungswesen gab es in meinem Team zwei Personen, die dasselbe Verhalten hatten. Sie waren in etwa in derselben Lage. Beide waren verheiratet und hatten Kinder. Beide hatten dieselbe Schwäche: Trinken und Frauen. Der eine, den ich «Jakobus» nennen werde, fand es normal, dass ein Mann andere Frauen erobern möchte. Der andere, den ich «Johannes» nennen werde, bereute seine Tat bitter, wenn er bei seiner Frau und seinen Kindern war.

Jakobus trennte sich von seiner Ehefrau, und seine Familie zerbrach. Johannes hingegen erlebte einen schönen Lebensabend mit seiner Ehefrau und seinen Kindern nach seiner Bekehrung im Herzen. Er hatte zum Glauben gefunden. Wichtig ist es hinzuzufügen, dass ihn seine Ehefrau im Gebet begleitet hatte.

2.14 DIE REINIGUNG

Damit wir in diese neue Welt, «die Zivilisation der Liebe», eintreten können, müssen wir rein werden. Wichtig ist die Erkenntnis, dass wir alle der Reinigung bedürfen.

- Wir leben in dieser Welt, die sich ohne Gott errichten wollte.

- Wir alle wurden durch Freunde oder verschiedene Medien wie Fernsehen, Zeitungen, Radio, Internet bestimmten Unwahrheiten beeinflusst.

- Wir alle sind mehr oder weniger von dieser Welt, die sich ohne Gott errichten wollte, indoktriniert, verunreinigt oder infiziert.

Wir alle bedürfen also der Reinigung. Bedenken wir, dass Gott uns zu einem gelungenen Leben verhelfen möchte, weil er uns liebt.

«Die Liebe, die Ich für dich empfinde, übersteigt bei weitem deine Unvollkommenheiten, deine Mängel und deine Fehler. Hab keine Angst, dich in Meine Arme zu werfen, ungeachtet der Situation, in der du dich befindest, und ungeachtet des Fehlers, den du soeben begangen hast. Die Barmherzigkeit Meines Vaters hat keine Grenzen. ...

Ich lehre euch nicht, dass ihr durch eure guten Werke Liebe werdet, sondern dass ihr Liebe werdet, weil die Liebe euch liebt. Das ist ein großer Unterschied.» **Band 1, Botschaft Nr. 117**

2.15 DIE MITTEL, DIE UNS FÜR UNSERE REINIGUNG ZUR VERFÜGUNG STEHEN

Gott hat uns mehrere Mittel der Reinigung zur Verfügung gestellt. Unter den uns bekannten gibt es eines, das wirksamer ist als die anderen. Es wirkt schneller, bringt weniger Leid mit sich und kostet weniger: das Sakrament der Versöhnung.

Infolge des großen Glaubensschwundes seit 1960 können wir leicht feststellen, dass sich die Praxen der Psychiater und Psychologen in demselben Maße füllten, wie sich unsere Beichtstühle leerten. Wohlgemerkt, ich habe nichts gegen diese Spezialisten, die eine ausgezeichnete Arbeit machen. Doch war ich glücklich, als ich eine Psychiaterin im Fernsehen sagen hörte:

«Wir Psychiater können die Verletzung eines Menschen verstehen. Oft können wir deren Ursachen entdecken und ihn begleiten, damit er mit dieser Verletzung leben kann. Doch heilen kann ihn allein Gott.»

Ein anderer Psychiater sagte:

«Wenn ich in meiner Praxis einen Priester hätte, der allen meinen Patienten die Beichte abnähme, würde ich gleich bei der ersten Sitzung 90 % meiner Patienten verlieren. 90 % der psychologischen Probleme kommen von Problemen der Seele. Menschen, die ihren inneren Frieden nicht gefunden haben, können mit ihrer Umgebung und mit Gott nicht in Frieden leben. Sie haben eine verirrte Seele.» Dieser Psychiater sagt, dass nur die Worte: «Ich verzeihe dir», die Probleme der Seele heilen können.

«Als Psychiater kann ich Menschen helfen, ein gewisses menschliches Gleichgewicht wiederzufinden. Ich kann ihnen bei einigen Verhaltensstörungen helfen, Ängste und Zwänge zu verarbeiten sowie Barrieren und Blockaden zu beseitigen, die im Laufe ihres Lebens entstanden sind. Aber an der Seele kann ich nichts machen. Nur der Schöpfer hat das Recht, durch die Vergebung in die Seele einzutreten. Das Aussprechen seiner Sünde, seiner Verletzung bedeutet 50 % der Genesung.»

2.16 ZWEI GROSSE REINIGUNGSARTEN

Auf dieser Erde gibt es zwei große Reinigungsarten: das Wasser und das Feuer. Alle Wertgegenstände wie Gold, Silber und Edelmetalle werden im Feuer gereinigt. Da wir Menschen die wertvollsten Lebewesen auf dieser Erde sind, werden wir logischerweise im Feuer geläutert.

ZWEI ARTEN VON REINIGENDEM FEUER

Gott hat in Seinem Liebesplan mit der Menschheit erlaubt, dass es zwei Arten von reinigendem Feuer gibt: das Feuer Seiner Liebe und das Feuer des Leidens. Ich bin versucht, dich ein bisschen zu foppen und zu fragen: Welches willst du?

Ich ziehe das Feuer Seiner Liebe vor. Zum Feuer Seiner Liebe gehört das Sakrament der Versöhnung. Je mehr ich das Feuer Seiner Liebe aufnehme, umso weniger brauche ich das Feuer des Leidens; je weniger ich das Feuer Seiner Liebe aufnehme, umso mehr brauche ich das Feuer des Leidens.

Oft kommt es vor, dass eines schnelleren Ergebnisses wegen die beiden Arten des Feuers gleichzeitig auf dieselbe Person einwirken. Das Aufnehmen des einen wie des anderen Feuers bringt Früchte hervor; hier besteht eine Analogie zur Pflanze, die für ihre Schönheit des Regens und der Sonne bedarf. Der Boden, der sich vom Regen durchdringen lässt, wird fruchtbar; so ist es auch bei dem, der das Leiden annimmt.

2.17 DIE REINIGUNG LÄSST UNS EIN NEUES GLÜCK ENTDECKEN

Jede neue Reinigung bringt uns dem Herzen Gottes näher und erlaubt uns, ein neues, uns unbekanntes Glück zu entdecken.

«Nach Meiner großen Wiederkunft wird sich nichts Unreines in Meiner Gegenwart finden lassen. Ausnahmslos alle müssen gereinigt sein, so wie Meine Mutter es überall auf der Erde fordert (durch Gebet, Fasten, Empfang der Sakramente, vor allem aber durch ein vollkommenes, bedingungsloses und unwiderrufliches Ja).

Auch durch die großen Drangsale, die sehr langsam begonnen haben, werden sehr viele Menschen eingeladen, sich Gott zuzuwenden, sich als Sünder zu bekennen, Barmherzigkeit zu erfahren, um barmherzig zu werden, ihre Ohnmacht anzuerkennen, um Zeugen der Allmacht des Vaters zu sein, zu entdecken und zu erfahren, dass sie vom Vater über alle Maßen geliebt werden, um diese Liebe im unsichtbaren und im sichtbaren Bereich zu verbreiten und so fähig zu sein, in die neue Welt einzutreten und Mir entgegenzugehen.

Ich brenne von einem Feuer der Liebe, wenn Ich an die große Freude denke, die in jenem so sehr erwarteten Augenblick überall ausbrechen wird. Die Vorbereitungen laufen gut. Sehr bald wird diese Freude ausbrechen.

Nehmt schon jetzt Meine Liebe auf. Lasst euch reinigen. Nutzt diese Gnadenmomente in ihrer ganzen Fülle.» **Band 1, Botschaft Nr. 154**

«Kommt! Kommt! Kommt! Lasst euch lieben! Die Zeit drängt. Lasst euch vom Feuer Meiner Liebe läutern, sonst werdet ihr durch das Feuer der Drangsal geläutert werden. ... Das Leiden bewirkt das, was die Weisheit euch nicht lehren kann.» **Band 1, Botschaft Nr. 37**

2.18 DIE BEIDEN WITWEN

Die weiter oben aus dem ersten Band zitierten Unterweisungen wurden mir bei meiner ersten Vortragsreise durch Frankreich von zwei Witwen bestätigt.

Die erste dieser beiden Frauen kam nach einem Vortrag zu mir und bat um mein Gebet. Sie sagte, ihr Mann sei vor über sechs Jahren gestorben. Seither leide sie, und ihr Leiden sei noch größer geworden, denn heute lehnen ihre Kinder sie auch noch ab.

Daraufhin fragte ich sie: «Haben Sie den Tod Ihres Mannes angenommen?» Sie erwiderte: «Wie kann man ein solches Ereignis annehmen?» Ich sagte ihr: «Ich bitte Gott, Ihnen die Gnade zu schenken, dass Sie die Situation, in der Sie sich jetzt befinden, annehmen können, vor allem, was den Tod Ihres Mannes betrifft. Ich bitte Ihn auch, dass Er Ihnen großen inneren Frieden schenken möge.»

Zwei Abende später hielt ich vor einer anderen Gruppe einen Vortrag, in dem ich auch erwähnte, dass angenommenes Leid uns läutert, uns näher zum Herzen Gottes führt und uns neue Freude, ja sogar Jubel schenken kann. Nach diesem Vortrag kam eine Frau zu mir und vertraute mir Folgendes an: «Was Sie gesagt haben, erlebe ich. Mein Mann ist vor sechs Monaten gestorben. Wir waren sehr glücklich miteinander. Ich habe diese Prüfung in dem Glauben angenommen, dass es Gottes Plan ist. Seitdem empfinde ich eine Freude, die ich vorher nie gekannt habe. Ich fürchte sogar, dass die Leute sagen, ich sei herzlos oder habe meinen Mann nicht geliebt.»

Sehen Sie die unterschiedlichen Auswirkungen zweier ähnlicher Ereignisse? Das eine Ereignis, das nicht angenommen wurde, verursacht auch noch nach sechs Jahren Leid, während das andere, das in rechter Weise akzeptiert und angenommen wurde, nach sechs Monaten Jubel hervorruft. **Band 3, S. 172 und 173**

Fragst du dich nun, welches Leid du annehmen müsstest, um eine Reinigung zu erfahren? Es ist das, was du jetzt gerade durchmachst.

2.19 SCHLUSSBEMERKUNG ÜBER DIE LIEBE

Viele Menschen meinen, die Liebe hänge von anderen ab; sie erwarten sie von ihnen. Da sie davon stets weniger erhalten, als sie sich erhoffen, sind sie ständig enttäuscht. Sie verbringen vergebens ihr Leben mit der Suche nach dieser Liebe.

Um Liebe zu empfangen, muss man fähig sein, sie zu schenken. Um Liebe zu schenken, muss man ein Mensch der Liebe sein. Um ein Mensch der Liebe zu werden, muss man sich an der Quelle der Liebe selbst nähren, die Gott ist.

Was ist dein schönster Schatz?

3. KAPITEL

ARBEIT, KARRIERE, BERUF

3. KAPITEL

ARBEIT, KARRIERE, BERUF

Als ich mit 26 Jahren meine Karriere in der Geschäftsleitung einer Versicherungsgesellschaft begann, stellte ich verblüfft fest, dass manche Menschen, die mir alles zu haben schienen, was zum Erfolg notwendig ist, nicht erfolgreich waren, während andere, die mir weniger begabt zu sein schienen, Erfolg hatten. Dreißig Jahre lang versuchte ich, den Schlüssel zum Erfolg zu entdecken. Dreißig Jahre später schrieb ich einen kleinen Band mit dem Titel: «Pour le bonheur des miens. 42 ingrédients pour parvenir au sommet»[4] Ich möchte hier nicht den ganzen Inhalt dieses Bandes wiederholen, sondern für dich nur die Punkte zitieren, die mir die wichtigsten zu sein scheinen:

1. Eine gute innere Haltung annehmen
2. Ein Ziel und Vorsätze haben
3. An Gott, an die anderen und an sich selbst glauben
4. Unbedingtes Vertrauen
5. Seine Arbeit lieben lernen
6. Entschlossen und liebevoll handeln lernen
7. Die Freiheit der anderen achten
8. Immer die Wahrheit sagen
9. Grundehrlich sein
10. Sich einsetzen
11. Den Dingen auf den Grund gehen
12. Veränderungen annehmen
13. Menschen helfen, sich zu bessern, ohne sie zu verletzen
14. Hilfe annehmen
15. Um Rat fragen
16. Die guten von den schlechten Ratschlägen unterscheiden
17. Bedenken, dass der Mensch wichtiger ist als Wissen, Vermögen, Macht
18. Das Beste in sich und in den anderen zur Entfaltung bringen
19. Weise handeln
20. Seine Talente und die der anderen nutzen lernen
21. Sich der heiligen Engel bedienen
22. Sich aus realen und tiefen Werten heraus entscheiden
23. Sich stets weiterentwickeln

---

[4] «Den Meinen zur Freude. 42 Komponenten auf dem Weg zum Gipfel.»

3.2 FÜNF WARNUNGEN

1. Vorsicht vor Sackgassen, die uns in die Selbstzerstörung führen
2. Vorsicht vor dem Verhalten der Neureichen, das heißt vor Hochmut
3. Vorsicht vor Alkohol, Drogen und anderen Süchten
4. Vorsicht vor falschen Erfolgsrezepten
5. Vorsicht vor Okkultismus Wissenschaften, religiösen Sekten und dem New Age

Hier werde ich nur auf die innere Haltung, das Ziel und das Geld näher eingehen.

3.3 EINE GUTE INNERE HALTUNG ANNEHMEN

Wichtiger als Begabungen, Talente, Wissen und Vermögen ist die innere Haltung, die Denkweise, die Sicht der Dinge, der Ereignisse, der Unannehmlichkeiten, der Prüfungen und all dessen, was in unserem Leben geschieht. «Es gibt keine echte Prüfung, sondern nur Gelegenheiten, sich zu bewähren.»

Ich setze die innere Haltung an die erste Stelle. Denn mit dieser können wir unsere wirklichen Wünsche nach Wissen, geistlichem Wachstum, Kompetenz, Geld usw. erreichen. Mit einer schlechten inneren Haltung hingegen können wir alles verlieren, was wir zu besitzen meinen, oder sie kann uns daran hindern, es zur Geltung zu bringen.

Um diese Sehweise besser zu erklären, möchte ich euch folgende Erfahrung erzählen. Als ich meine Versicherungsagentur für Lebens–, Kraftfahrzeug– und Haftpflichtversicherungen sowie diverse andere eröffnete, war ich enttäuscht darüber, dass ich mein Studium nicht fortsetzen konnte. Den Diplomen maß ich große Bedeutung bei. Ich studierte fünf Jahre und erhielt den Titel: auf Lebenszeit zugelassener Versicherungsvertreter für Lebensversicherungen. In diesem Bereich hielt ich mich für kompetent.

Ich wusste, dass es mir im Bereich der Feuer–, Kraftfahrzeug– und Haftplichtversicherung an Kompetenz fehlte, und so war ich bestrebt, mich mit kompetenten Leuten zu umgeben. Als ich die Gelegenheit hatte, wirklich kompetente Leute einzustellen, setzte ich alles daran, sie für meine Firma zu gewinnen. So arbeite ich mit ehemaligen Inspektoren von Versicherungsgesellschaften, kaufmännischen Akademikern, Kollegen und früheren Dozenten im Versicherungswesen usw. zusammen Zwar hatte ich eine sehr kompetente Agentur, doch blieben mir große Anfangsschwierigkeiten nicht erspart.

Eines Tages hörte ich einen Redner sagen, dass die Versicherungsgesellschaft, die seit den letzten fünfzehn Jahren in Nordamerika den größten Erfolg kannte, von einem Lastwagenfahrer gegründet wurde. Sein oberstes Einstellungskriterium war, dass die Person nie in einer anderen Versicherungsagentur gearbeitet hatte. Er suchte Leute mit guter innerer Haltung, die kompetent werden wollten und sich die Philosophie und Werte seiner Agentur zu Eigen machten.

Ich begriff, dass ich bei meinem Wunsch nach allzu viel kompetenten Leuten das Wesentliche vernachlässigt hatte: die innere Haltung. Mit der Zeit wurde mir klar, dass eine gute innere Haltung zur Kompetenz führt, Kompetenz aber nicht zwangsläufig eine gute innere Haltung zur Folge hat.

Später machte ich sehr erfreuliche Erfahrungen mit unerfahrenen Leuten, die jedoch eine sehr gute innere Haltung hatten. Die gute innere Haltung ist also für mich zum Haupterfolgskriterium geworden.

Hier eine Gegenüberstellung von guten und schlechten inneren Haltungen:

	GUTE INNERE HALTUNG	SCHLECHTE INNERE HALTUNG
1.	Die positive Seite eines Ereignisses sehen	Nur die negative Seite sehen
2.	Die Menschen lieben	Sie kritisieren
3.	Seine Arbeit lieben	Sich beklagen
4.	Seinen Kunden lieben	Ihn für störend und schwierig halten
5.	Einen Vorwurf freundlich aufnehmen	Jede Kritik zurückweisen
6.	Die anderen annehmen, wie sie sind, und ihnen helfen wollen	Unversöhnlich mit den anderen sein und sich selbst rechtfertigen
7.	Bereit sein, sich in Frage zu stellen	Einen Schuldigen finden
8.	Versuchen, die anderen zu verstehen	Sie wegen allem tadeln
9.	Die anderen schätzen	Versuchen, sich hervorzuheben, indem man den anderen zeigt, dass man besser ist als sie
10.	Seine Fehler eingestehen	Sich weigern, seinen Irrtum zuzugeben
11.	Sich Zeit nehmen, Ansichten auszutauschen	Seine Ansichten anderen aufzwingen und sie zu beherrschen versuchen
12.	Zuhören, um die Ansicht des anderen recht zu verstehen	Dem anderen schnell zeigen, dass man anderer Meinung ist, bevor er seine Auffassung darlegen konnte
13.	Stets das Maximale leisten zur eigenen Zufriedenheit	Die Einstellung haben: Damit es sich lohnt, ja nicht zuviel tun
14.	Geld als Belohnung für das Geleistete betrachten	Meinen, es stehe einem alles zu, noch bevor man seine Kompetenz und sein Können bewiesen hat
15.	Schwierigkeiten als eine Möglichkeit betrachten zu wachsen	Sich von jeder Schwierigkeit niederdrücken lassen und sie dadurch verstärken

Eine gute innere Haltung ist die solide Grundlage, auf der wir bauen und uns voll-kommen verwirklichen können. Entfalten wir unsere Fähigkeiten, eignen wir uns gute Gewohnheiten an, um so an Höhe zu gewinnen und auf neue Gipfel zuzugehen.

3.4 EIN ZIEL UND BESTIMMTE VORGABEN HABEN

Um unsere Energie zu bündeln, unseren schöpferischen Geist einzusetzen und mehr als der Durchschnitt zu leisten, ist es sehr wichtig, ein Ziel und bestimmte Vorgaben zu haben. Mit anderen Worten: Du musst genau wissen, was du willst, wann du es willst und wie du es willst.

Willst du ein erfolgreiches Leben oder ein gelungenes Leben haben? Achtung! Zwi-schen beiden besteht ein sehr großer Unterschied! Viele verfehlten ihr Leben, weil sie im Leben Erfolg haben wollten.

Kurzfristig einen großartigen Erfolg zu haben ist leichter, ja sogar möglich, wenn man all seine Energie in eine einzige Sache setzt, sei es beim Sport, sei es im Geschäftsleben. Doch mittel- und langfristig kann das sehr wohl zum Scheitern des eigenen Lebens führen.

Ein Beispiel:

Ein Geschäftsmann, der erfolgreich sein möchte, aber seinen körperlichen und geisti-gen Zustand sowie sein familiäres und gesellschaftliches Umfeld vernachlässigt, wird in einem dieser Lebensbereiche scheitern. Dies führt dann oft zu einem Scheitern in allen Bereichen, selbst im Geschäftsleben.

Fragst du dich, mit welchen Mitteln dieses Gleichgewicht im Leben zu bewahren ist? Ich kenne nur ein einziges: sich Gott nähern, um in den Genuss Seiner Weisheit zu kommen.

Möchtest du also in deinem Leben Erfolg haben, musst du dir ein Ziel setzen, das sich mit deinen Werten vereinbaren lässt und die vom Schöpfer festgelegte Ordnung achtet. Diese Werte, würde ich sagen, werden in folgenden vier Themen erfaltet, die man sich leicht merken kann:

1) Gott, dein Schöpfer, ist Derjenige, der dich und alle Dinge erschaffen hat, der dir dein Sosein und dein derzeitiges Tun erlaubt; ohne Ihn gäbe es dich nicht einmal.

2) Der Mensch, die ganze Gesellschaft hat Macht über die Dinge, die Tiere und die Pflanzen. Wir müssen bedenken, dass wir zuerst gegenüber Gott und dann gegenüber unserem Ehegatten, unseren Kindern, unserer unmittelbaren Umgebung und der ganzen Gesellschaft eine Pflicht zu erfüllen haben. Diese Reihenfolge ist sehr wichtig. Sie darf nie umgekehrt werden. Unser eigenes Glück und das unserer Familie hängen davon ab.

3) Die materiellen Güter ermöglichen dem Menschen eine Wohnung, Kleider, Nahrung zu haben, sich Komfort, Wohlstand, Abwechslung usw. zu gönnen.

4) Geld hat an sich keinen Wert. Es ist eine Erfindung des Menschen, um den Austausch von materiellen Gütern zu erleichtern.

Auf dem Arbeitsmarkt drehen viele diese Rangordnung um:

- An die erste Stelle setzen sie das Geld und machen es zu ihrem Gott.
- An die zweite Stelle setzen sie die materiellen Güter: ein großes Haus, ein Landhaus, ein Schiff usw.
- An dritter Stelle kommt der Mensch. Leider kümmern sie sich erst dann um die Menschen, wenn sie ihr Verlangen nach Geld und materiellen Gütern befriedigt haben.
- Da kein intelligenter Mensch Gott an die vierte Stelle setzen kann, versuchen sie so zu leben, als existiere Gott nicht.

Wenn du dir ein Ziel setzt und Entscheidungen triffst, muss du diese Werteskala einhalten. Du darfst dir materielle Güter und Geld wünschen, sofern das nicht auf Kosten des Menschen geht oder im Widerspruch zu der vom Schöpfer festgelegten Ordnung steht. Am Besten ist es, Geld als eine Art Belohnung zu betrachten für das, was du für andere oder für die gesamte Menschheit getan hast.

Je höher dein Ziel ist, umso mehr achtet es deine verschiedenen Lebensbereiche und deine Werte, umso größer wird deine Motivation, deine Entschlossenheit, deine Beharrlichkeit usw. sein. Ein Ziel muss etwas sein, was dein ganzes Sein zum Vibrieren bringt, wenn du daran denkst oder davon sprichst. Es muss klar sein, niedergeschrieben und wieder gelesen werden, in deinem Geist gegenwärtig sein. Es muss im Zentrum aller deiner Entscheidungen stehen.

Bietet man dir etwas an, was mit deinem Ziel vereinbar ist, sagst du Ja, ist es nicht vereinbar, sagst du Nein. Ein ganz bestimmtes, klares und festes Ziel hilft dir, schnell Entscheidungen zu treffen und an deinen Vorsätzen festzuhalten.

Nehmen wir einige Beispiele aus meinem Leben:

1. Als ich mit meiner Versicherungsagentur begann, fasste ich den Vorsatz, bei jeder Entscheidung, die ich treffen musste, sei es bezüglich des Empfangs der Kundschaft, der Einstellung von Personal, der Ausbildung oder der Kompetenzen, meiner Kundschaft einen außerordentlichen Service anzubieten.

   Ich fragte mich immer, ob das den Service für die Kundschaft verbessern würde. Wenn ich darauf mit Ja antworten konnte, war meine Entscheidung schnell getroffen.

2. Als ich den Vorsatz fasste, dass meine Familie vor meinem Unternehmen kommt, hatte ich mehr Zeit für sie.

3. Als ich den Vorsatz fasste, dass meine Ehefrau vor den Kindern kommt, hatte das einen positiven Einfluss auf unser Eheleben und das Glück unserer Kinder zur Folge.

4. Als ich den Vorsatz fasste, meine körperliche Verfassung zu verbessern, hatte ich immer Zeit dafür.

5. Als ich den Vorsatz fasste, dass Gott den ersten Platz in meinem Leben einnimmt, hatte ich immer Zeit, täglich mit Ihm innige Momente zu erleben.

6. Als ich infolge von Einladungen den Vorsatz fasste, dass es die Priorität meines Lebens ist im Dienst Gottes zu stehen, waren meine Entscheidungen leicht zu treffen.

Um im Leben etwas zu verwirklichen und neue Gipfel zu erreichen, ist es also wichtiger, ein Ziel und einen Vorsatz zu haben als Geld und Güter.

3.5   GELD UND FAMILIE

Wir alle wissen, dass bei vielen Ehepaaren und in den Familien Geld oft Gegenstand von Auseinandersetzungen, von Konflikten, von Streit ist. Als junge Menschen können wir Vorkehrungen treffen, um diese Probleme möglichst zu vermeiden.

Zwei gute Mittel:

I. Ein einträglicher Arbeitsplatz
II. Sich bei Einkäufen und anderen Ausgaben einschränken können

Wir wissen, dass mehrere Faktoren einen einträglichen Arbeitsplatz begünstigen. Manche sind außerhalb unseres Einflussbereiches, wie die wirtschaftliche Situation. Auf etliche andere hingegen können wir einen direkteren Einfluss ausüben.

Damit man ein gutes und stetig steigendes Gehalt verdient, muss man Maximales leisten, für seinen Arbeitgeber ein tatkräftiger Mitarbeiter sein und geben, bevor man darum gebeten wird.

Wer gute Leistung bringt, schafft es immer, ein gutes Einkommen zu haben, auch wenn das manchmal Zeit kostet. Wer hingegen Dinge fordert, bevor er sie verdient hat, dessen Einkommen wird nicht höher; ja manchmal muss er eine Stelle mit einem geringeren Gehalt akzeptieren, um weiterhin arbeiten zu können.

Zweitens muss man sparen und warten können, bis man Geld für Einkäufe hat. Die Einkäufe sollen unseren Bedürfnissen und unserer finanziellen Situation entsprechen und nicht dazu dienen, Eindruck auf unsere Eltern, unsere Freunde oder unsere Nachbarn zu machen.

Ich bemerkte, dass viele Menschen, um prahlen zu können, auf Kredit kaufen. Nachher sind sie verpflichtet, das Haus, das Landhaus, kurzum das, was sie gekauft haben, abzubezahlen und instand zu halten. Das Wasser steht ihnen bis zum Hals und sie fühlen sich gestresst. Sie lassen ihre Umgebung diesen Stress spüren, der ein Trennungsgrund in etlichen Haushalten ist. Wer nach seinen Mitteln einkauft, bleibt dagegen ruhig, auch wenn Unvorhergesehenes dazwischen kommt.

Drittens muss man lernen, seine Ersparnisse in ungezwungener Weise zu verwalten. Ich beobachtete, dass viele ehrgeizige Menschen Investitionen für einen zukünftigen Ertrag tätigen und ihre Familie denselben Stress bzw. dieselben Entbehrungen hinnehmen muss, als besäße sie nichts. Wichtig ist, bei unseren Käufen umsichtig zu sein.

Kaufen ist leicht und immer möglich. Geht es aber um das Verkaufen, dann muss man auf seinen Käufer warten. Wenn man nicht verkaufen kann, sich aber in eine Situation begeben hat, in der man verkaufen muss, um seinen Verpflichtungen nachzukommen, läuft man Gefahr, beträchtliche Verluste hinnehmen zu müssen. Wer beispielsweise nur die Mittel für eine Wohnung hat und sie wechseln möchte, sollte nie eine zweite kaufen, bevor er nicht seine erste verkauft hat.

Ein weiterer wichtiger Punkt ist es, für die Bedürftigen oder für die Evangelisierung etwas zu geben. Es gibt eine Wirklichkeit, die menschlich gesehen schwer zu verstehen und zu erklären ist: Je mehr wir geben, ja vor allem wenn wir geben, ohne eine Gegenleistung zu erwarten, umso mehr erhalten wir. Selten werden wir von denen etwas bekommen, denen wir etwas gegeben haben; manchmal kritisieren sie uns sogar oder sind undankbar; aber im Großen und Ganzen werden wir durch alle möglichen anderen Quellen beglückt.

3.6 MEINE SCHÖNSTE ENTDECKUNG

Im Hinblick auf die Arbeit habe ich eine sehr schöne und wichtige Entdeckung gemacht.

Als ich mich vollständig aus der Geschäftswelt zurückziehen und den Rest meines Lebens dem widmen wollte, was für mich das Wesentliche war und immer bleiben wird, mein Glaube an Gott nämlich, machte ich eine Entdeckung, die im Hinblick auf die Arbeit meines Erachtens die schönste und wichtigste ist.

Diese Entdeckung ist nicht ausschließlich für mich, sondern sie kann vielen Menschen helfen, die sich davon inspirieren lassen und so von dieser schönen Erfahrung profitieren wollen. Sie ist tatsächlich leichter, weniger stressig, viel erfreulicher und bringt zudem viel bessere Ergebnisse hervor.

Das sind die Tatsachen: Mit 59 Jahren beschloss ich, mich von meiner Versicherungs-agentur zurückzuziehen und die Geschäftsführung einem meiner Söhne anzuvertrauen. Zwei meiner Töchter halfen ihm dabei. Ich wollte mich auch mehrerer Grundstücke entledigen.

Für den Dienst Gottes wollte ich vollkommen frei sein. Das war mein Plan, aber nicht Seine der denn ich konnte nichts verkaufen. Am 6. Januar 1997 habe ich nach meinen Gebeten folgende Unterweisung von Gott durch Inspiration erhalten:

«Bevor du eine Entscheidung triffst, wende dich an Mich. Bitte Mich, dich zu in-spirieren und Ich werde es tun. Und dann handle so, wie es dir dein Herz eingibt. Du sollst Mir vertrauen, so wie du es jetzt tust, während du dies niederschreibst. Den Weg, den Ich für dich auserwählt habe, kennst du nun: es ist der deines Her-zens. Du sollst einzig im Vertrauen auf Mich handeln und deine Fragen jedesmal wiederholen, wenn sich auf deinem Weg eine neue Abzweigung auftut. Ich werde dir eingeben, welche du nehmen sollst. Wenn du sie dann eingeschlagen hast, bedeuten die Hindernisse oder Kurven, denen du begegnest, nicht, dass du auf dem falschen Weg bist.

Glaube weiterhin, dass Ich dich führe und begleite. In den Schwierigkeiten, denen du auf deinem Weg begegnest, werde Ich Meine Allmacht erstrahlen lassen – zu deinem Erstaunen und für deine Vereinigung mit Mir, deinem Gott.»

Merke dir also folgendes:

1. Beginne stets damit, deine Frage oder Bitte an Mich zu richten.

2. Dein Herz sei immer bereit, die Antwort anzunehmen, unabhängig von der Richtung, die Ich dir eingebe.

3. Akzeptiere die Hindernisse und Schwierigkeiten im Wissen, dass Ich da bin und dir helfe, sie zu lösen.

4. Wiederhole deine Frage oder Bitte bei jedem neuen Weg.

5. Vertraue Mir in den kleinsten Dingen.

6. Handle in der Gewissheit, dass Ich mit dir bin.

7. Erkenne deine Ohnmacht an.

8. Danke Mir für alle Erfolge und auch für alle augenscheinlichen Misserfolge.

9. Hoffe allem zum Trotz.

10. Vergiss nie, dass Ich der Gott des Unmöglichen bin.

11. Handle mit Liebe und Verständnis, in Gerechtigkeit und Güte gegenüber allen an dem Dossier Beteiligten.

12. Sei stets vorsichtig und vergewissere dich genau, ob ein Vorschlag, den man dir macht, nicht eine Falle des bösen Feindes ist. Bitte um Mein Licht und es wird dir gewährt werden.

13. Vergiss nicht, dass du, wenn du mit Mir verbunden bist, auf der Seite der Gewinner stehst, ganz gleich wie es äußerlich aussehen mag.

14. Bleibe in großer Demut, sei niemals arrogant.

15. Lies noch einmal, was Ich dich soeben gelehrt habe, und höre weiterhin auf Mich; das Übrige wirst du zu gegebener Zeit erfahren. Sei ohne Furcht, hab' keine Angst, vertraue Mir. Ich bin in deinem Innersten, unabhängig davon, wo du bist und was du tust. Sei dir Meines Bundes [mit dir] gewiss. Meine Freunde verlasse ich nie.» **Band 1, Botschaft Nr. 34**

Ich glaubte, dass dies von Ihm kam und befolgte diese Unterweisung. Am 22. Februar 1997 habe ich eine weitere Inspiration bekommen:

«Der Vater überlässt dir noch für eine gewisse Zeit Verantwortung in der Geschäftswelt, weil Er dich in diesem Milieu braucht. Er will dich eine andere Art und Weise lehren, Probleme zu sehen und sie zu lösen; Er will dich lehren, alles mit den Augen des Glaubens zu betrachten, alles in Gottes Hände zu legen … Voll Erstaunen, Lobpreis und Jubel sollst du, Zeuge Seines Handelns sein.

Anschließend kannst du lehren, was du erlebt hast; es wird zu einer neuen Denk‒ und Handlungsweise für jene neue Erde werden.» **Band 1, Botschaft Nr. 62**

Dann, am 13. Oktober 1999, habe ich Folgendes geschrieben:

Sich ganz in die Hände des Vaters geben

Herr JESUS, am 22. Februar 1997 hast Du mir gesagt, dass der Vater will, dass ich noch weiterhin im Geschäftsleben bleibe, damit Er mir eine andere Art zeigen kann, wie ich die Probleme sehen und lösen soll: nämlich alles mit den Augen des Glaubens betrachten und alles in die Hände Gottes legen…. «Du sollst voll Erstaunen, Lobpreis und Jubel Zeuge Seines Handelns sein.»

Auch wenn ich schon bei mehreren Anlässen Zeuge Deines Handelns war und Dir dafür danke, möchte ich doch wieder einmal diese beiden Dossiers vor Dich bringen, mit denen ich einfach nicht weiterkomme. Das eine kostet mich monatlich eine sehr große Summe und zwar schon seit zwei Jahren; mit dem zweiten ist es noch schlimmer: die Käufer treten zurück oder lassen auf sich warten. Ich weiß, diese Geldfragen haben keine Bedeutung. Aber mir scheint, dass ich für Deinen Dienst freier wäre, wenn ich davon entlastet würde.

Was soll ich entdecken und ändern, um den Willen des Vaters zu erfüllen? Öffne meine Augen, mein Herz, meinen Geist und meinen Verstand, damit ich verstehen kann, was Du mich durch diese Situationen lehren willst, die mir so unglücklich und lästig vorkommen wie Bleikugeln an meinen Füßen. Auch wenn ich glaube, deiner Ermahnung gegenüber treu gewesen zu sein, finde ich keine einzige Unterweisung, die ich hier bei mir oder bei den anderen anwenden könnte. Ich übergebe Dir meine Ohnmacht, meine Schwächen und meine Grenzen. Ich schreie zu Dir. Komm mir zu Hilfe! Danke, dass Du meine armseligen Gebete hörst und erhörst. Ich liebe Dich und will treu sein.

«Mein kleines Kind, Mein liebes kleines Kind komm erst einmal zu Mir und schmiege dich in Meine Arme, um dich von Meinem Frieden und Meiner Freude, die du suchst, überfluten zu lassen. Dabei ist es nicht wichtig, was außerhalb von dir geschieht.

Das ist die eigentliche Unterweisung: sich vollständig den Händen des Vaters überlassen. Du kannst eine Situation im Frieden und in der Freude durchleben, die für die meisten Menschen eine Ursache für Angst, Verwirrung und große Beklemmung wäre. Wenn du alles mit den Augen des Glaubens betrachtest, im Wissen, dass du klein und von Gott geliebt bist, empfängst du in deinem Inneren alles, was du brauchst, um das zu ertragen, was außerhalb von dir geschieht und du nicht kontrollieren kannst.

Sei gewiss, dass der Vater diese Situationen, die du beklagenswert findest, ganz in Seiner Hand hat. Die Stunde ist nur noch nicht gekommen. Du sollst einfach nach deinen Inspirationen handeln – nicht mehr und nicht weniger. Durch diese Situationen, die in deinen Augen schwierig sind, wirst du von innen her geformt, und hier zeigt sich die Qualität deines «Ja».

Du versuchst, durch die äußeren Ereignisse zu verstehen, während sich die Antwort in deinem Inneren befindet. Du hast geglaubt, du würdest in deinen geschäftlichen Angelegenheiten Wunder erleben und diese Lehre den anderen mitteilen; nein, die Wunder, die du in dir erlebst, ermöglichen dir, die unerfreulichen äußeren Ereignisse durchzustehen. Und genau das sollst du den anderen bezeugen.

Wenn diese unerfreulichen äußeren Ereignisse die vom Vater erwünschte Verwandlung in dir bewirkt haben, dann wirst du erleben, dass sich diese Situationen von selber regeln werden.

Wie Gold durch das Feuer des Schmelzofens gehen muss, musst du durch viele Leiden und Schwierigkeiten hindurch, um jener Mensch voller Liebe zu werden, zu dem dich der Vater derzeit macht. Dass dies so ist, soll dir Anlass zum Lobpreis sein. Durch Seine Liebe wirst du in Liebe verwandelt.

Ich liebe dich zärtlich und über alle Maßen.» **Band 2, Botschaft Nr. 77**

Und dies habe ich am darauf folgenden Tag, dem 14. Oktober geschrieben:

Die Lehre deines Lebens

Herr JESUS, wie Du mich am 6. Januar 1997 gebeten hast, akzeptiere ich den Misserfolg in den beiden Dossiers, von denen ich Dir gestern berichtet habe, und danke Dir dafür. Ich weiß, dass Du da bist und mir bei der Lösung hilfst. Ich übergebe Dir wieder einmal meine Ohnmacht und erwarte alles von Dir. Danke, dass Du mein armseliges Gebet hörst und erhörst. Ich liebe Dich.

«Mein ganz kleines Kind, dieser in deinen Augen vollkommene Misserfolg ist für dich eine der wichtigsten Lehren deines Lebens, sowohl jetzt als auch in Zukunft. Handle auch weiterhin wie ein ganz Kleiner und lasse dich vollständig von Mir, deinem Gott, lenken.

Gestern habe Ich dir gesagt, dass du Zeuge Meines Handelns in den äußeren Ereignissen sein wolltest, während du doch zuerst Zeuge der Verwandlung deines Inneren sein sollst. Heute sage Ich dir, dass du Zeuge Meines Handelns in aufsehenerregenden Ereignissen sein wolltest, aber du wirst in ganz kleinen Zeichen Zeuge Meines Handelns sein. Du hättest gern gewollt, dass Ich schnell handle, während Ich langsam wirke. Zwar hast du Mir deinen Willen geschenkt, deine Ohnmacht und dein Kleinsein anerkannt, aber du wolltest, dass Ich nach deinem Willen handle und dich inspiriere, damit du mit Kraft und Stärke wirken kannst.

Vor allem möchtest du, dass Ich mit Meinem Handeln dein Gesicht wahre, damit man in deiner Umgebung sagen kann: "Léandre tat recht daran, sein Vertrauen auf Gott zu setzen." Wenn aber der Vater genau das Gegenteil wollte? Würde dann dein "Ja" immer noch gelten?

Der Vater vertraut dir eine große Sendung an, die du erst jetzt langsam wahrnimmst. Je bedeutender die Sendung ist, desto notwendiger ist es, sich der Echtheit des "Ja" zu vergewissern. Du bist immer vollkommen frei, und die göttliche Liebe geht über diese Freiheit. Die göttliche Liebe kommt und verwandelt dich, und auf diese Weise wirst du ein von Liebe erfüllter Mensch.

Ich liebe dich zärtlich und über alle Maßen.»

«Mein "Ja" gilt auch weiterhin, egal wie die Resultate aussehen. Ich will in aller Freiheit auf den Anruf des Vaters antworten, unabhängig von Ergebnissen, von erfreulichen oder unerfreulichen Ereignissen.

Ich vertraue Dir ganz und gar, denn Deiner Liebe bin ich mir gewiss. Komm mir zu Hilfe, damit mein "Ja" nie schwach wird. Hab Dank für alles! Ich liebe Dich!» **Band 2, Botschaft Nr. 78**

Zu meiner großen Überraschung bin ich als Miteigentümer einer schönen Baufirma, die mehr als hundert Häuser im Jahr baut, immer noch im Geschäftsleben tätig. Das ist keineswegs schwer für mich, sondern eher eine Entspannung. Meine ganze Zeit kann ich in den Dienst des Herrn stellen. Die Gewinne erlauben mir, die «Fondation des Choisis de Jésu»[5] zu finanzieren. Was der Herr für mich vollbringt, das kann er für all jene vollbringen, die sich in Seine Schule und in Seinen Dienst begeben.

3.7 SCHLUSSBEMERKUNG

Die Arbeit ist ein ausgezeichnetes Mittel, um anderen zu helfen, um geschätzt zu werden, um das für ein schönes Leben Notwendige zu haben, um schöne und wichtige Entdeckungen zu realisieren.

Durch die Arbeit kannst du dir bewusst werden, dass Jesus bei den kleinsten Kleinigkeiten deines Lebens gegenwärtig ist.

---

[5] Diese Stiftung ist eine gemeinnützige Organisation, die auf die Verbreitung, die Erfahrung und die Einbeziehung der Léandre anvertrauten Liebesbotschaften des Herrn zielt.

Bei der Reinigung unserer Gesellschaft haben wir alle eine Rolle zu spielen.

4. KAPITEL

DER SCHUTZ
DES PLANETEN ERDE

4. KAPITEL
DER SCHUTZ
DES PLANETEN ERDE

Unsere Gesellschaft arbeitet gewaltig an der Sensibilisierung für die Umwelt. Das ist wichtig, denn unsere Erde ist von der Verschmutzung der Luft und des Wassers bedroht. Mehr werde ich nicht darüber sagen, denn ich glaube, dass du darüber bereits gut informiert bist.

4.1 DIE VERSCHMUTZUNG DES HERZENS UND DES VERSTANDES

Die Luft– und Wasserverschmutzung veranlasst mich, über eine andere Verschmutzung nachzudenken. Ich bin fest davon überzeugt, dass diese viel verhängnisvoller und gefährlicher ist als erstere. Es ist die Verschmutzung des Herzens und des Verstandes. Diese Verschmutzung breitet sich durch verkehrte Auffassungen in den Medien aus, die ein Glück weismachen, das in Wirklichkeit zur Knechtschaft führt und viel Leid verursacht.

Sie ist umso gefährlicher, als wenige Menschen davon sprechen. Vielleicht hörst du von dieser Art Verschmutzung zum ersten Mal.

Wer in der Luftverschmutzung lebt, sieht und spürt sie nicht. Er gewöhnt sich an die verschmutze Luft und bemerkt nichts. Kommt hingegen früh am Morgen, wenn die Luft rein ist, ein Auto vorbei, realisierst du sofort die von diesem Fahrzeug ausgehende Verschmutzung.

Um eine Verschmutzung zu erkennen, darf man also nicht in ihr leben. Wenn du dich außerhalb des Zeitgeistes befindest, kannst du ihn feststellen. Man muss auf dem Laufenden sein, darf aber kein Mitläufer sein. Denn wenn man von der Strömung mitgerissen wird, sieht man nichts.

4.2 DIE HAUPTSÄCHLICHEN FOLGEN DIESER VERSCHMUTZUNG

Die Folgen dieser Verschmutzung sind zahlreich. Es ist vorauszusehen, dass sie bis zur Verwandlung der Herzen weiter zunehmen. Diese Verwandlung bemerken wir allmählich in der Zivilisation der Liebe.

Die Folgen sind greifbar und verhängnisvoll. Sie sind die Haupursache der großen Lei–
den in unserer Welt:

1. Uneinigkeit in den Ehepaaren und in den Familien
2. Psychologische Störungen wie «Burn out», Depression…
3. Störungen durch ein schlechtes sexuelles Verhalten
4. Störungen durch Drogen– und Alkoholkonsum
5. Oft eine Schwächung der körperlichen Gesundheit infolge dieser vielfachen Leiden körperlichen
6. Verlust des Arbeitsplatzes durch schlechte Arbeitsleitung
7. Viel materielle Armut
8. Geburtenrückgang

4.3 VERTRAULICHE MITTEILUNGEN

Bei meinen Reisen kommen oft Menschen zu mir und sprechen von ihren Leiden. Die Probleme sind in etwa immer dieselben:

- Jugendliche sprechen von der Trennung ihrer Eltern oder von ihrer Sucht.

- Menschen zwischen zwanzig und fünfzig sprechen von ihrem Eheleben, ihrer Trennung, ihrer Scheidung oder der Untreue ihres Ehepartners.

- Menschen über fünfzig sprechen neben ihren persönlichen Problemen von ihren ungläubigen Kindern, deren schlechten Verhaltensweisen, deren Schei– dungen und dem Leid, das dies bei ihren Enkelkindern verursacht.

Die Ursache der familiären Probleme liegt größtenteils in der Verschmutzung des Her– zens und des Verstandes.

Wir geraten in einen Teufelskreis, da die familiären Probleme ja auch die Verschmut– zung des Herzens und des Verstandes zur Folge haben.

Ja, Verschmutzung ist ein echtes Problem. Aber jene Verschmutzung, die zur Zeit den größten Schaden anrichtet, ist die Verschmutzung des Herzens und des Verstandes.

4.4   DIE GESELLSCHAFT REINIGEN

Bei der Reinigung unserer Gesellschaft haben wir alle eine Rolle zu spielen. Die Gesellschaft wird nie reiner sein als ihre Mitglieder. Wenn wir gereinigt sind, können wir den anderen bei dieser Reinigung helfen. Es ist sehr schwierig, von sich aus dorthin zu gelangen. Gott allein, unser Schöpfer, hat eine diese Macht. Er hat uns frei erschaffen und Er achtet stets unsere Freiheit. Damit Er handeln kann, wartet Er auf unser aufrichtiges «Ja».

4.5   DER HERR BRAUCHT UNS

Gott will uns bei Seinem Liebesplan immer mitarbeiten lassen. Zur Reinigung der Menschheit braucht uns der Herr. Wenn wir Menschen der Liebe werden, geht Seine Liebe, oft ohne unser Wissen, durch uns hindurch. Das bringt einen frischen, reinen Luftzug in die Herzen.

Was sollen wir mit dem tun, was von den anderen kommt? Die Antwort ist einfach: alles annehmen und alles dem Herrn schenken, nichts für sich behalten. Das Schöne, das ein Mensch dir sagt, ein Kompliment, ein Dankeschön oder eine Würdigung nimmst du an, um es Gott, deinem Vater, zu Seiner Ehre zu schenken. Etwa wie die Blume, zu der man sagen möchte, dass sie schön ist; sie kann dieses Kompliment nur Gott übergeben; denn nicht sie konnte sich so hübsch machen. Sie ist das Werk Gottes.

Wenn das, was man dir sagt, nicht schön ist, ja sogar böse, nimmst du es an, um in der schönen Tugend der Demut zu wachsen; du schenkst es dem Vater, damit es gereinigt wird.

4.6   DAS BILD DER HOLZKLÖTZE

Um dir dies verständlich zu machen, denke ich an meine Schulzeit. Im Herbst bildeten wir eine Kette, um das Holz in den Schuppen zu bringen. Meine Rolle war es, ein Stück Holz anzunehmen und es sofort an meinen Nachbarn weiterzugeben, ohne es festzuhalten. Mit dieser Geschwindigkeit müssen wir alles annehmen und ott, unserem Vater schenken.

Später fragte ich mich, was einem Kind passiert wäre, das die Holzklötze in seinen Händen behalten hätte. Abgesehen davon, dass das Holz nicht in den Schuppen gekommen wäre, wäre das Kind unter der Last zusammengebrochen. Findest du nicht, dass zwischen diesem Bild und uns eine Analogie besteht? Das Leben wird oft unerträglich, weil wir die Last (die Holzklötze) auf unseren Schultern behalten, anstatt sie Gott, unserem Vater zu übergeben.

JESUS hat zu uns gesagt:

> «*Kommt alle zu mir, die ihr euch plagt und schwere Lasten zu tragen habt. Ich werde euch Ruhe verschaffen.*» **Mt 11,28**

«Selig, die Frieden stiften; denn sie werden
Söhne Gottes genannt werden.»

Mt 5,9

5. KAPITEL

DER FRIEDEN IN DER WELT

5. KAPITEL
DER FRIEDEN IN DER WELT

5.1   DIE URSACHE DER KRIEGE

In der Regel hören wir von Kriegen, die die Menschheit bedrohen. Wir sind Zeugen des großen Leids, das sie verursachen, und des großen Elends, das ihnen folgt: verlassene Kinder, Obdachlose, denen es an Nahrung fehlt und die oft verhungern. Stets scheint es an Geld zu mangeln, um die Menschheit zu ernähren; aber immer ist Geld da, um Kriege zu führen.

Wir können Angesichts eines so großen Leidens in unserer Welt könen wir nicht gleich–gültig bleiben. Doch was können wir konkret tun? Sollen wir etwas spenden? Sollen wir ihnen helfen? Aber das bedeutet so wenig angesichts des Ausmaßes der Problematik.

Bevor wir einen Kreuzzug starten, sollten wir innehalten, uns unserem Gott zuwenden und ihn um Sein Licht bitten, damit wir die tiefe Ursache dieser Kriege entdecken. Wenn wir die Ursache bzw. die Ursachen entdecken, finden wir vielleicht auch die Gegen–mittel.

- Wir verstehen die Ursache der Kriege zwischen den Nationen erst, wenn wir versuchen, die Ursache der Kriege im Inneren unserer Nation zu verstehen.
- Wir verstehen die Ursache der Kriege im Inneren unserer Nation erst, wenn wir versuchen, die Ursache der Kriege in unserer Umgebung zu verstehen.
- Wir verstehen die Ursache der Kriege in unserer Umgebung erst, wenn wir versuchen, die Ursache der Kriege in unserer Familie oder in unserer Ehe zu verstehen.
- Ich verstehe die Ursache der Kriege in meiner Familie oder in meiner Ehe erst, wenn ich bei mir prüfe, ob ich ein Werkzeug des Konfliktes, des Streites, der kleinen Kriege mit den Menschen in meiner Umgebung bin.

Warum bin ich anderen gegenüber nicht immer von Gedanken des Friedens und der Liebe?

Warum gibt es in mir negative Gedanken über andere, Urteile, Kritik, Tadel, üble Nach–rede, Verleumdung, Rivalität, Hass, Rache, Streit, Zorn und vielleicht sogar Gewalt?

Die Verwandlung des Herzens ist für jeden möglich.

So ist mir klar geworden, dass die Ursache der kleinen Kriege in meinen Gedanken liegt, also in meinem Inneren.

Auch erkannte ich, dass ich keinen Frieden in meiner Umgebung stiften kann, wenn in mir kein Frieden herrscht.

Warum herrscht in mir kein Frieden? Auf diese Frage gibt es nur eine einzige gute Antwort: Weil ich mit meinem Gott nicht in Frieden lebe.

Wenn ich ein wenig glaube, ist das leicht zu verstehen. Ich bin ein von Gott geschaffenes Wesen, das dazu bestimmt ist, zu Gott zurückzukehren und mit Ihm in Harmonie zu leben. Trenne ich mich von Ihm durch meine Sünde, dann falle ich aus der Einheit mit Ihm heraus. Dies führt bei mir zu negativen, destruktiven Gedanken und zum Bruch mit den anderen.

5.2   FRIEDEN STIFTEN

Damit ich Frieden stiften kann, muss ich mich mit meinem Gott versöhnen, Ihm den ersten Platz einräumen und mein Leben mit Seinem Willen in Einklang bringen. Diese Einheit mit Ihm bringt in mir einen sehr großen Frieden hervor.

5.3   DIE GROSSEN FESTSTELLBAREN VERÄNDERUNGEN

Wer weiß, dass Sein Gott ihm vergeben hat, dass er von Ihm geliebt wird und in Seinen Augen wertvoll ist, in dessen Innerem vollziehen sich vielfältige Veränderungen. Diese Veränderungen sind feststellbar. Sie wurden mir von sehr vielen Personen bestätigt, denen ich begegnet bin.

1. Er bemerkt, dass er sich und die anderen mit neuen Augen sieht.
2. Er erkennt, dass er kein Irrtum der Schöpfung ist, und nimmt sich immer mehr so an, wie er ist.
3. Er nimmt auch seine Schwachheit, seine Verletzlichkeit, seine Zerbrechlichkeit an.
4. Er nimmt seine Eltern so an, wie sie sind, und verzeiht ihnen alles, was ihn in der Vergangenheit möglicherweise verletzt hat.
5. Er nimmt seine Situation so an, wie sie ist, ob sie gut oder schlecht ist.
6. Er nimmt die anderen so an, wie sie sind, ohne sie verändern zu wollen.
7. Seine Angst und Beklemmung sind verschwunden.

8. Er entdeckt neue Lebensfreude.

9. Er entdeckt den Wert der Menschen in seiner Umgebung.

10. Er sieht die Veränderungen, die sich in seiner Umgebung und manchmal durch ihn vollziehen.

11. Er entdeckt ein neues Glück.

12. Er stellt fest, dass er eine Kritik annehmen kann, da sie seinen Hochmut ver— mindert und seine Demut vergrößert.

13. In seinem Herzen werden seine kritischen Gedanken durch kurze Fürbitt—, Dank— und Lobpreisgebete ersetzt.

14. Er bemerkt die allmähliche Veränderung seiner Vorlieben und Wünsche; das Materielle verliert an Bedeutung, er sehnt sich im Gebet, im Empfang der Sakramente, in der Anbetung und in der Kontemplation nach mehr Verbun— denheit mit Seinem Gott.

15. Er lebt immer mehr auf der Ebene seines Herzens.

16. Er wächst immer mehr in der Liebe und hat das Verlangen, anderen zu helfen.

17. Er wird zu einem Friedenstifter. Er ist nicht mehr Ursache eines Konfliktes, sondern stiftet Frieden bei den Menschen, denen er begegnet.

18. Er hat eine neue Hoffnung in der Zukunft.

Etliche Veränderungen dieser Art können beobachtet werden. Eine neue Welt beginnt für diesen Menschen. Selbst durch alle Widerwärtigkeiten hindurch entdeckt er immer mehr den Jubel.

Zu einem Menschen des Friedens und der Liebe zu werden ist ein sehr schönes Le— bensziel. Wenn du ein Mensch des Friedens wirst, kommt dir das als Erstem zugute und du kannst diesen Frieden an andere weitergeben. Da diese dann ihrerseits Menschen des Friedens werden, verbreiten auch sie ihn weiter, und so erreichen wir eine neue Erde, auf der Frieden herrscht.

Viele Menschen wünschen sich Frieden auf der Welt. Es fehlen aber Menschen des Friedens, die zu Werkzeugen in den Händen des Herrn werden, damit Sein Frieden durch sie zu anderen gelangt und sich so auf der ganzen Erde verbreitet.

Gebet des heiligen Franz von Assisi:

Herr, mach mich zu einem Werkzeug deines Friedens,

dass ich liebe, wo man hasst;

dass ich verzeihe, wo man beleidigt;

dass ich verbinde, wo Streit ist;

dass ich die Wahrheit sage, wo Irrtum ist;

dass ich Glauben bringe, wo Zweifel droht;

dass ich Hoffnung wecke, wo Verzweiflung quält;

dass ich Licht entzünde, wo Finsternis regiert;

dass ich Freude bringe, wo der Kummer wohnt.

Herr, lass mich trachten,
nicht, dass ich getröstet werde, sondern dass ich tröste;
nicht, dass ich verstanden werde, sondern dass ich verstehe;
nicht, dass ich geliebt werde, sondern dass ich liebe.

Denn wer sich hingibt, der empfängt;
wer sich selbst vergisst, der findet;
wer verzeiht, dem wird verziehen;
und wer stirbt, der erwacht zum ewigen Leben.

Amen.

5.4 ÜBERLEGUNGEN

Stets war ich mir über die Folgen unseres Tuns bewusst. Eines Tages entdeckte ich, dass die Ursache unseres Tuns in unseren Gedanken liegt. Diese werden von unseren Werten, unseren Glaubensüberzeugungen und unseren Wünschen beeinflusst. Daher ist das Betrachten deiner Wünsche von Bedeutung, mit anderen Worten: Was ist zur Zeit für dich in deinem Leben wichtig?

Gott? Die Nächstenliebe? Die Vorbereitung deiner Zukunft? Die Familie? Freunde? Hobbys? Sport? Fernsehen? Internet? Leistung? Vergnügen? Genuss? Arbeit? Geld? Materielle Güter? Ein Leben nach dem Zeitgeist? Ein Leben nach deinen Glaubensüberzeugungen?

Je wichtiger für dich dein zentrales Interesse wird, umso mehr Zeit widmest du ihm, umso mehr beschäftigt es deine Gedanken und umso mehr beeinflusst es dein Handeln. Ist dein Interesse gut, wirst du dich dafür mehr einsetzen und deine Erfolgschancen werden sich verbessern. Ist es weniger gut, dann werden auch die Folgen weniger gut sein, ja manchmal sogar sehr gefährlich. Sie können selbst deine Zukunft beeinträchtigen.

Bei mehreren Gelegenheiten war ich Zeuge dramatischer Situationen, die durch Alkohol- und Drogenmissbrauch, durch Spielsucht, durch fragwürdiges sexuelles Verhalten usw. hervorgerufen wurden.

5.5 DIE ECHTE LÖSUNG

Wie wir weiter oben gesehen haben, sind wir von Gott geschaffene Wesen, die dazu bestimmt sind, zu Ihm zurückzukehren und mit Ihm in Harmonie zu leben. Damit dies möglich ist, sandte der Vater vor 2000 Jahren Seinen Sohn JESUS auf die Erde. Er zeichnete uns den wahren Weg vor, damit wir nicht in die Irre gehen, was leider sehr viele Menschen taten. JESUS CHRISTUS hinterließ uns alles, was wir zu einem Leben in Harmonie mit unserem Gott brauchen:

> Er hinterließ uns Sein Wort, um unser Leben zu lenken.

> Er hinterließ uns die Sakramente, um uns zu Kindern Gottes zu machen und uns zu ermöglichen, es zu bleiben: das Sakrament der Versöhnung, das unsere vergangenen Fehler tilgt, uns von den Folgen unserer Sünden befreit und uns vor allem die Gnade schenkt, uns mit einem von Seiner Gegenwart erfüllten Herzen wieder auf den Weg zu machen; die Eucharistie, durch die JESUS in jedem von uns wohnt.

> Er lehrte uns auch, wie wir beten sollen.

> JESUS hinterließ uns eine Menge Schätze, die er unserer Kirche anvertraut hat. Wir sollen sie lieben und ihr treu sein, ganz gleich, was geschieht.

5.6 KIRCHE: DAS BIST DU, DAS BIN ICH, DAS IST JEDER VON UNS

Als Getaufter bist du in der Kirche ein Plus oder ein Minus. Je nachdem, was du bist, wie du dich benimmst und wie du von der Kirche sprichst, bist du ein guter oder schlechter Zeuge. Du trägst dazu bei, dass sie geliebt oder gehasst wird.

Willst du wissen, ob du ein Plus oder ein Minus in der Kirche bist, dann betrachte, welche Art von Zeuge du bist und wie du von ihr sprichst. Als Getaufter bist du ein wesentlicher Teil der Kirche.

5.7 DER NIEDERGANG UNSERER KIRCHE

Im Laufe der letzten fünfzig Jahre erlebten wir einen so großen Niedergang, weil wir keine echten und guten Katholiken, sondern falsche Zeugen gewesen sind. Wie wir gesehen haben, begünstigte dieser Niedergang die Verschmutzung des Herzens und des Verstandes. Diese Verschmutzung bedroht unsere Menschheit.

5.8 DER WIEDERAUFBAU UNSERER KIRCHE

Du und ich können dazu beitragen, unsere Kirche wiederaufzubauen, indem wir gute und echte Zeugen Christi werden.

Als echte Gläubige
1. errichten wir eine neue Kirche,
2. errichten wir eine neue Gesellschaft,
3. errichten wir eine neue Zivilisation, die Zivilisation der Liebe.

Es ist eine Gnade, in der Person von Benedikt XVI. einen außergewöhnlichen Mann zum Papst zu haben. Seit etlichen Jahren haben wir heilige Päpste. Ich kenne auch eine große Anzahl von guten und heiligen Priestern, Bischöfen und Kardinälen. Wir sollen sie lieben, für sie beten und ihnen treu sein.

Wenn wir für unsere Kirche ein Plus sein wollen, müssen wir aufhören, sie zu kritisieren und über jene schlecht zu reden, die weniger gut sind oder Fehler gemacht haben.

5.9 DIE GRÖSSTE MACHT DER WELT

Es gibt keine größere Macht auf der Welt als JESUS in der Eucharistie. Er hat eine Macht, die niemand anders besitzt: jene Macht, die Herzen zu verwandeln. Nach der Verwandlung eines Herzens beginnt ein neuer Mensch, wird eine neue Familie, eine neue Kirche in Gang gestezt. Eine neue Welt wird errichtet, die uns zur Zivilisation der Liebe führt.

Ohne Priester gibt es keine Eucharistie.

JESUS steht an der Tür deines Herzens und klopft an. Er wartet, bis du Ihm dein Herz öffnest und Ihn aufnimmst. Du brauchst Ihm nur dein «Ja» zu geben.

5.10 EINE SEHR GUTE MAMA

JESUS hat eine sehr gute Mama namens Maria. Eine ganz reine Frau, die Gott, unser Vater, dazu auserwählt hat, der Welt einen Retter zu schenken.

Am Fuß des Kreuzes hat JESUS sie uns als Mutter und Mittlerin geschenkt; seitdem setzt sie sich vom Himmel aus für jeden von uns ein.

Am Beginn der neuen Zeit hat Gott, unser Vater sie dazu auserwählt, die Herzen für die Aufnahme Jesu bei seiner Wiederkunft in Herrlichkeit vorzubereiten. Ich habe sehr viele Zeugnisse von Menschen erhalten, die sich ihr anvertraut haben. Unabhängig von der Schwere ihrer Sünden hat sie alle auf genommen, zu JESUS und dann zum Vater geführt. So hat sich ihr Leben verwandelt.

Du hast also eine sehr gute Mama, die dich mit offenen Armen erwartet, um dich in ihre Arme zu schließen, deine Wunden zu verbinden, dich zu waschen, dich zu reinigen, dich schön zu machen und dich dann Ihrem Sohn JESUS vorzustellen. Du brauchst dich ihr nur anzuvertrauen und dann wirst auch du zu einem Zeugen werden.

5.11 DIE MACHT DER ENGEL

Vor der Erschaffung des Menschen hat Gott die Engel erschaffen. Das Wort Gottes[6] erzählt uns, dass es im Himmel einen Aufstand gab. Ein Drittel ist böse geworden, zwei Drittel sind gut geblieben. Diese beiden Engelgruppen sind in unserer Welt sehr einflussreich. Manchmal haben wir den Eindruck, dass die Bösen die Stärkeren sind, so sehr ist das Böse in unserer Welt gegenwärtig.

Zwei gute Engel kommen auf einen bösen. Als sie miteinander kämpften, siegten die guten Engel. Der Erzengel Michael war Sieger über Luzifer. Am Ende werden die guten Engel siegen, das ist sicher.

Mama Maria ist ihre Königin und sie hat den Auftrag, den Teufel zu besiegen. Gott, der Allmächtige, ist auf der Seite der guten Engel; der Sieg ist sicher.

5.12 DER KAMPF DER ENGEL BEI UNS

Wir alle haben einen Schutzengel, das heißt einen guten Engel, der einzig und allein uns dient. Er weist uns den Weg und beschützt uns. Doch gibt es auch andere, die ihn zu vertreiben versuchen. Diese Engel kämpfen ständig darum, uns näher zu kommen, uns

6 Offb 12,4

zu beeinflussen und uns zu lenken. Nähert sich uns ein schlechter Engel, dann wird es für den guten Engel schwieriger, auf uns einzuwirken.

Möchtest du wissen, welcher dir näher ist, so betrachte, wie du dich im Inneren fühlst. Herrscht in dir Frieden und Freude, bist du glücklich, hast du gute Gedanken über dich selbst und über die anderen, so sind das Zeichen, dass dir dein guter Engel am nächsten ist.

Bist du hingegen traurig, mürrisch, von negativen Gedanken über dich und die anderen erfüllt, dann haben sich dir die bösen Engel genähert.

5.13 EINE GROSSE LIST DER BÖSEN ENGEL
* VORSICHT BEI OKKULTISMUS UND BEI RELIGIÖSEN SEKTEN *

Der Mensch als Geschöpf ist zutiefst religiös. Er hat das Bedürfnis, sich zu Gott zu erheben, mit Ihm eins zu werden, zu Ihm zu beten, Ihn anzubeten, an Seine Gegenwart zu glauben und Sein Wirken an sich festzustellen.

Doch wurde er von einer Gesellschaft, die ohne Gott leben will, verletzt bzw. beeinflusst. Das ist in unserer Gesellschaft seit mehr als 50 Jahren der Fall. Der Mensch wird zu einer leichten Beute für den Okkultismus und die religiösen Sekten. Da sein geistliches Bedürfnis nicht befriedigt ist, sucht er unbewusst nach einer höheren Macht und nach Kräften, die ihm der Okkultismus und das New Age anbieten.

Für den Eintritt in die geistige Welt haben wir die von unserer Kirche gelehrten Mittel: Vereinigung mit Gott durch JESUS CHRISTUS, Maria, die heiligen Engel und die Gemeinschaft der Heiligen.

Auch das New Age und der Okkultismus bieten für den Eintritt in die geistige Welt ein Mittel an: die Beschwörung der gefallenen Engel. Viele Menschen werden ohne ihr Wissen auf diesen Weg geführt unter dem Vorwand der Entspannung, der Entwicklung ihrer Persönlichkeit, der Zunahme ihrer Kraft usw. Denn der Böse ist um Mittel nicht verlegen, wenn es darum geht, die Menschen an sich zu ziehen und sie in raffinierter Weise in die Irre zu führen.

Vergessen wir nicht, dass er der Vater der Lüge ist. Er sagt nie die Wahrheit, sondern zeigt uns die verlockende Seite des Okkultismus. Wir haben den Eindruck, kurzfristig Fortschritte zu machen, uns in unserer Haut wohler zu fühlen, uns zu entfalten, aber langfristig geschieht oft das Gegenteil und manche haben es teuer bezahlt. Ich möchte das New Age und den Okkultismus mit zwei schönen, frischen und leckeren Brotscheiben vergleichen, die mit Arsen belegt sind. Solange wir das Brot essen, haben wir den Eindruck, dass alles in Ordnung ist; aber wenn wir weitergehen, wenn wir weiteressen, machen sich zu verhängnisvolle Wirkungen bemerkbar.

Alle Sitzungen werden als Voraussetzung für ein schöneres, ausgeglicheneres Leben dargestellt. Bei den ersten Treffen sind die Teilnehmer von den Unterweisungen be–eindruckt. Da scheint es viel gesunden Menschenverstand zu geben; die angebotenen Erfahrungen scheinen ein Wohlbehagen mit sich zu bringen. Aber mit der Zeit ver–schwinden die guten Früchte.

Ich hörte viele Zeugnisse über die Schwierigkeiten, die manche Menschen infolge von transzendentaler Meditation, Yoga, Energieübertragung, Wiedergeburt, Primärtherapie, Kartenlegen, Tarock, Schamanismus, Befragung eines Mediums, Rückführung in fühere Leben usw. durchgemacht haben.

Ein Maklerkollege aus Amos erzählte mir Folgendes: «Ich hatte einen wunderbaren Sohn, stets gut gelaunt, fröhlich und lebenslustig. Als er an der Universität Montreal zu studieren begann, fing er mit der transzendentalen Meditation an; jedesmal, wenn ich ihn sah, stellte ich fest, dass er sich veränderte, traurig und mürrisch wurde. Schließlich beging er in unserem Landhaus Selbstmord.» Mein Kollege war überzeugt, dass die transzendentale Meditation die Ursache dafür war.

Es ist bewiesen, dass etliche Selbstmorde bei jungen Leuten unter anderem von einem gewissen Musikstil herrühren, der den Menschen in seinen Bann zieht.

Hinsichtlich der transzendentalen Meditation möchte ich euch nur einen Abschnitt aus dem Buch von Daniel Ange zitieren: «Baume est ton nom, prier pour guérir»[7], Seite 368:

> «Eine große Zahl Anhänger des transzendentalen Meditation verüben Selbstmord oder befinden sich in einer psychiatrischen Klinik, nachdem sie sie fünf Jahre praktizier haben.» Die Zeugnisse jener, die daraus entlassen wurden, ist schau–derhaft (siehe das Buch des Arztes Philippe Madre: «Mais délivrez–moi du mal»[8], Seiten 103–106).

Aufgrund dessen, was ich über dieses Thema hören und lesen konnte, können wir bei Erfahrungen dieser Art nie zu vorsichtig sein. Warum sollen wir Risiken eingehen und uns von den Listen des Bösen zugrunde richten lassen, wenn doch Gott, wie wir wissen, viel mächtiger ist als die gefallenen Engel? Er wartet nur auf unser «Ja», um uns zu helfen.

Fabienne Guerrero[9] sagt in ihrem Zeugnis folgendes:

> «Ich praktizierte Wahrsagerei, Astrologie, Spiritismus und die meisten Techniken des New Age und war sogar in die Sekte der Rosenkreuzer eingetreten.

---

[7] «Balsam ist dein Name. Beten um gesund zu werden»
[8] «Sondern erlöse mich von dem Bösen»
[9] Autor des Buches: «Ich habe den Orden der Rosenkreuzer AMORC verlassen.» Eine zum katholischen Glauben konvertierte Frau.

Die bösen Geister bearbeiten die Seelen, die New Age, Yoga[10], Reiki und transzendentale Meditation praktizieren. Wenn die Chakras geöffnet sind, treten sie in den Körper ein. Dann muss man sich dem Unbefleckten Herzen weihen, diese Techniken aufgeben und sie beichten, einen Priester aufsuchen, um diese höllischen Bande durchtrennen zu lassen, und schließlich viel fasten.»

Ich weiß, dass viele junge Leute keine Gefahr im Okkultismus sehen, geschweige denn im Yoga. Doch sind das Einfallstore, die einen Menschen dazu bringen, sich leer zu machen. Wird die Leere in uns nicht sofort durch die Gegenwart Jesu ausgefüllt, ermöglicht sie diesen Kräften einzudringen.

5.14 DIE UNSICHTBARE WELT

Wie du feststellen konntest, gibt es, solange wir auf der Erde sind, einen großen Kampf in uns. Einerseits wollen wir gut sein, Gutes tun. Andererseits kommen wir in Versuchung, Böses zu tun. Dieser Kampf in uns wird von sehr starken Mächten beeinflusst, die im Unsichtbaren wirken.

- *Auf der einen Seite* gibt es Gott mit den guten Engeln und der Gemeinschaft der Heiligen.
- *Auf der anderen Seite* gibt es Satan mit den bösen Engeln bzw. den bösen Geistern.

Wenn wir uns dieser großen Realität bewusst werden, dann hilft uns das, uns zu entscheiden, von wem wir beeinflusst werden wollen.

Diese Realität leugnen bedeutet, den Kräften des Bösen Tür und Tor zu öffnen. Betrachten wir, was in Quebec geschehen ist. Je mehr die Menschen davon überzeugt waren, dass Satan nicht existiert, umso größere Verwirrung hat er gestiftet. Denken wir nur an die großen Verwirrungen in unseren schönen Familien.

Ob wir es wollen oder nicht, wir werden alle von der einen oder anderen Seite beeinflusst.

Ja wir tragen sogar dazu bei, die eine oder andere Seite zu stärken. Wir können also dazu beitragen, im Unsichtbaren auf Erden viel Gutes zu tun.

Ich habe eine große Zahl von Zeugnissen erhalten, die diese, bedeutende Realität bestätigen, die vielen Leuten unbekannt ist.

Folgendes können wir im ersten Band lesen:

«Meine Auserwählten der Endzeit, die ihr diese Zeilen lest, euch hat der Vater auserwählt, um Seine übergroße Liebe zu verbreiten. Vielleicht seid ihr versucht, für diese

---

[10] Weitere Informationen siehe Anhang.

schöne und große Sendung zu einem Kreuzzug aufzubrechen, aber wenn ihr das jetzt tätet, würdet ihr einen Irrtum begehen, denn das ist nicht der Plan des Vaters.

Sein Plan ist, dass ihr Liebe werdet, dass ihr euer ganzes, bedingungsloses «Ja» zu eurer Verwandlung sagt, dass ihr unverzüglich durch Gebet, Anbetung, den Emp—fang der Sakramente und durch Fasten eure Sendung im Unsichtbaren lebt.

Während ihr eure Sendung im Unsichtbaren lebt, werdet ihr nach und nach Liebe. Wenn ihr Liebe werdet, brennt in euch das Feuer der Liebe und ihr entflammt all jene, die der Vater euch sendet.

Selig seid ihr, weil ihr Seine Auserwählten für diese schöne und große Sendung seid, die befreit, heilt, verwandelt, ändert und das Leid durch die Liebe ersetzt.

Die Liebe bringt Liebe hervor.» **Band 1, Botschaft Nr. 87**

Missionar ohne Grenzen, 10. Januar 2000
«Ich möchte dich um etwas Wichtiges bitten: Du sollst nicht nur der kleine Bote der Frohen Botschaft dieses Buches sein, sondern Ich will auch, dass du ein Missionar ohne Grenzen wirst, indem du für die Welt betest und in besonderer Weise für die Menschen, die heute oder morgen in ihrem Herzen von diesem Buch angespro—chen werden.» **Band 2, Botschaft Nr. 102**

5.15 SCHLUSSBEMERKUNGEN

Dieses kleine Buch hat nur ein einziges Ziel: dich für eine neue Welt zu sensibilisieren, die zur Zeit im Gange ist. Seit zehn Jahren habe ich immer wieder gehört: «Danke, dass Sie dem Herrn Ihr "Ja" gegeben haben, denn durch Ihr "Ja" wurde man Leben verwan—delt. Je öfter ich die drei Bände "Meinen Auserwählten zur Freude – JESUS" lese, umso mehr werde ich in meinem Herzen mit Liebe und Frieden erfüllt.»

Ich möchte, dass du als junger Mensch diese neue Welt, die wahre Liebe und den Ort entdeckst, an dem du sie findest.

Dieses kleine Buch enthält nicht den ganzen Reichtum der drei weiter oben zitierten drei Bände. Und diese enthalten nicht den ganzen Reichtum des Wortes Gottes und der Lehre unserer Kirche. Sie haben nur ein einziges Ziel: dir beim Entdecken der Schätze zu helfen, die JESUS uns hinterlassen hat.

Vielleicht haben dir in diesem kleinen Buch bestimmte Stellen missfallen. Es ist nicht leicht, sein Verhalten in Frage zu stellen, wenn man den Eindruck hat, dass es dem Zeitgeist entspricht. Aber für das Errichten einer neuen Welt ist das notwendig, ja ob—ligatorisch, sonst bleibt man in dieser alten Welt, die ihrem Verderben entgegengeht.

Seit der stillen Revolution habe ich beobachtet, dass selbst die, die das Wort Gottes bei der Evangelisierung abschwächt oder verändert haben, um es auf eine verdorbene Welt zuzuschneiden, mittel– und langfristig nichts Gutes gebracht haben.

Wenn man sich für Gott entscheidet, muss man auf das Böse verzichten. Entweder das eine oder das andere. Beides geht nicht. Jeder muss eine Entscheidung treffen. Wenn wir uns für Gott entscheiden, erhalten wir alle notwendigen Gnaden, um dem Bösen zu widersagen. Die Gnaden kommen erst nach unserer Entscheidung, selten davor.

Zuweilen sagen mir einige: Ich weiß, dass der Herr mit Ihren Bänden Wunder vollbringt, aber bei mir funktioniert das nicht. Im Gespräch entdecke ich dann zwei Dinge: Sie haben dem Bösen nicht vollständig widersagt bzw. das gegebene «Ja» ist nicht voll– kommen, weil sie wollen, dass Gott ihren Willen tut.

Ich bitte für dich um die Gnade, dem Bösen zu widersagen und dass dein «Ja» vollkom– men, bedingungslos und unwiderruflich ist, damit du eine neue Freude und ein neues Glück entdeckst.

Er möchte dich so sehr auf einen immer schöneren Weg führen. Und wenn du mein Alter hast, kannst du mit mir sagen: Die Ewigkeit wird mir nicht genügen, um Gott für ein so schönes Leben und für so viel Glück zu danken.[11]

Von einem Opa, der die jungen Leute liebt und nichts für sich erwartet.[12] Im Gegenteil, er hat nur einen einzigen Wunsch: Er möchte dich aufgrund seiner Erfahrung begleiten, dir helfen, deinen Weg in die richtige Richtung zu lenken, und dir so unglückliche Vorfälle und Unfälle ersparen.

Ich wünsche dir eine gute Reise!

Opa Léandre

und für die anderen

Léandre Lachance

---

[11] Meine gute Gesundheit, mein 54–jähriges Liebesleben mit meiner Ehefrau Elisabeth, unsere 5 Kinder, un– sere 3 Schwiegersöhne und unsere 2 Schwiegertöchter, die wir wie unsere eigenen Kinder lieben, unsere 16 Enkelkinder, der Urenkel, meine Arbeit mit einer schönen Karriere im Laufe meines ganzen Lebens, mein geschäftlicher Erfolg und der Liebesstrom, den ich durch die schöne Sendung erhalte, die Gott mir anvertraut hat, all das macht mich überglücklich.

[12] Das Leben lehrte mich: Je mehr ich ungeschuldet gebe, ohne etwas dafür zu erwarten, umso überglück– licher bin ich.

ANHÄNGE

Herr, in der Stille dieses erwachenden Tages

bitte ich Dich um Frieden, Weisheit und Stärke.

Ich möchte heute die Welt mit Augen voller Liebe betrachten,

geduldig, verständnisvoll, sanft und besonnen sein,

Deine Kinder über den Anschein hinaus mit Deinen Augen sehen

und so nur das Gute in jedem sehen.

Verschließe meine Ohren für jede Verleumdung,

bewahre meine Zunge vor jeder Gehässigkeit,

damit nur segnende Gedanken in meinem Geist bleiben,

damit ich so wohlwollend und so fröhlich bin,

dass alle, die mir begegnen, Deine Gegenwart spüren.

Herr, bekleide mich mit Deiner Schönheit,

damit ich Dich heute den ganzen Tag über offenbare.

**Gebet des heiligen Franz von Assisi
wiederaufgenommen von Kardinal Suenens**

2. ANHANG

WARUM SIND YOGA UND DER CHRISTLICHE GLAUBE UNVEREINBAR?[13]

Was ist Yoga? Der Begriff Yoga bedeutet Vereinigung. Das Ziel von Yoga ist die Vereinigung des zeitlichen Wesens mit dem unendlichen Wesen Brahman. Brahman ist kein persönlicher Gott, sondern eine geistige Substanz, die mit dem Kosmos und der Natur eins ist.

Pater James Manjackal, ein katholischer Priester, der in einer normalen katholischen Familie in Indien aufgewachsen ist, schreibt: «Yoga ist kein ausgearbeitetes System von körperlichen Übungen, sondern eine geistige Disziplin, deren Ziel es ist, die Seele zu Samadhi zu führen, einem Zustand, in dem die Natur und das Göttliche eins sind. Interessant ist, dass die Körper– und Atemübungen des Yoga im Westen der 3. und 4. Stufe der Vereinigung mit Brahman entsprechen.»

Bei einem kürzlichen Telefongespräch erklärte Pater Paul E. Demarais, dass – ich zitiere – «es keine ungefährlichen Yogaübungen gibt». Pater Demarais ist Diözesandirektor des Netzes Wesen des Kultes und des Okkulten in Providence, Rhode Island, Vereinigte Staaten.

Pater John Hardon, ein inzwischen verstorbener Jesuit, versicherte, dass Yoga mit dem Christentum nicht vereinbar ist. «Der innere Hinduismus bzw. Yoga versichern einen Pantheismus, der leugnet, dass ein unendliches Wesen aus dem Nichts die Welt erschaffen hat. Wenn man diesem pantheistischen Hinduismus glaubt, werden seine Anhänger kurze Aufenthalte im Paradies erleben und dazwischen aufeinander folgenden Wiedergeburten auf Erden.»

Dr. John Ankerberg erklärt in seinem Artikel «Ein unschuldiges Yoga?»: «Welches auch immer die Richtung oder die religiöse Tradition sein mag, aus der es hervorgegangen ist, das Ausüben von Yoga zielt auf die Veränderung des menschlichen Bewusstseins in okkulter Weise ab. Yoga vermag eine sehr bedenkliche okkulte Veränderung herbeizuführen, selbst wenn es unbedacht ausgeübt wird.»

Es gibt immer jene, die behaupten, die körperlichen Übungen des Yoga seien nichts Schlechtes, aber die Yogimeister selbst erklären, dass die Übungen und die Philosophie des Yoga untrennbar miteinander verbunden sind. In ihrem Werk «Comme des agneau à la boucherie»[14] schreibt Johanna Michaelsen (S. 93–95): «Man darf die Übungen nicht von der Philosophie trennen … Die Bewegungen selbst werden zu einer Art Meditation.»

Die Verharmlosung des New Age ist ein weit verbreitetes Hindernis. «Denn es wird eine Zeit kommen, in der man die gesunde Lehre nicht erträgt, sondern sich nach eigenen Wünschen immer neue Lehrer sucht, die den Ohren schmeicheln»[15]. Als Christen dürfen wir nicht über diese Schranke springen. Es ist traurig festzustellen, dass sich viele sagen: «Wenn ich mich dem Feuer etwas mehr nähere, werde ich mich denn dann verbrennen?» Die Antwort ist einfach: Es gib kein christliches Yoga.

---

[13] Dieser Artikel ist der Internetseite Spero News entnommen. Autor: Catherine Marie Rhodes.
[14] «Wie Lämmer beim Schlachten»
[15] 2 Tim 4,3